副刊文丛
主编 李辉 王刘纯

收藏是一种记忆

剑武 著

中原出版传媒集团
中原传媒股份公司
大象出版社
·郑州·

图书在版编目（CIP）数据

收藏是一种记忆／剑武著.— 郑州：大象出版社，
2018.6
（副刊文丛／李辉，王刘纯主编）
ISBN 978-7-5347-9702-6

Ⅰ.①收… Ⅱ.①剑… Ⅲ.①收藏—研究
Ⅳ.①G262

中国版本图书馆 CIP 数据核字（2018）第 020566 号

收藏是一种记忆

SHOUCANG SHI YIZHONG JIYI

剑　武　著

出 版 人	王刘纯
项目统筹	李光洁　成　艳
责任编辑	负晓娜
责任校对	陶媛媛
封面设计	段　旭
内文设计	杜晓燕

出版发行	大象出版社（郑州市开元路 16 号　邮政编码 450044）
	发行科　0371-63863551　总编室　0371-65597936
网　　址	www.daxiang.cn
印　　刷	北京汇林印务有限公司
经　　销	各地新华书店经销
开　　本	787mm×1092mm　1/32
印　　张	9.5
版　　次	2018 年 6 月第 1 版　2018 年 6 月第 1 次印刷
定　　价	58.00 元

若发现印、装质量问题，影响阅读，请与承印厂联系调换。
印厂地址　北京市大兴区黄村镇南六环磁各庄立交桥南 200 米（中轴路东侧）
邮政编码　102600　　　　　　　电话　010-61264834

"副刊文丛"总序

李 辉

设想编一套"副刊文丛"的念头由来已久。

中文报纸副刊历史可谓悠久，迄今已有百年。副刊为中文报纸的一大特色。自近代中国报纸诞生之后，几乎所有报纸都有不同类型、不同风格的副刊。在出版业尚不发达之际，精彩纷呈的副刊版面，几乎成为作者与读者之间最为便利的交流平台。百年间，副刊上发表过多少重要作品，培养过多少作家，若要认真统计，颇为不易。

"五四新文学"兴起,报纸副刊一时间成为重要作家与重要作品率先亮相的舞台,从鲁迅的小说《阿Q正传》、郭沫若的诗歌《女神》,到巴金的小说《家》等均是在北京、上海的报纸副刊上发表,从而产生广泛影响的。随着各类出版社雨后春笋般出现,杂志、书籍与报纸副刊渐次形成三足鼎立的局面,但是,不同区域或大小城市,都有不同类型的报纸副刊,因而形成不同层面的读者群,在与读者建立直接和广泛的联系方面,多年来报纸副刊一直占据优势。近些年,随着电视、网络等新兴媒体的崛起,报纸副刊的优势以及影响力开始减弱,长期以来副刊作为阵地培养作家的方式,也随之隐退,风光不再。

尽管如此,就报纸而言,副刊依旧具有稳定性,所刊文章更注重深度而非时效性。在新闻爆炸性滚动播出的当下,报纸的所谓新闻效应早已滞后,无法与昔日同日而语。在我看来，唯有副刊之类的版面，侧重于独家深度文章，侧重于作者不同角度的发现，才能与其他媒体相抗衡。或者说，只有副刊版面发表的不太注重新闻时效的文章，才足以让读者静下心，选择合适时间品茗细读，与之达到心领神会的交融。这或许才是一份报纸在新闻之外能够带给读者的最佳阅读体验。

1982年自复旦大学毕业，我进入报社，先是编辑《北京晚报》副刊《五色土》，后是编辑《人民日报》副刊《大地》，长达三十四年的光阴，几乎都是在编辑副刊。除了编辑副刊，我还在《中国青年报》《新民晚报》《南方周末》等的副刊上，开设了多年个人专栏。副刊与我，可谓不离不弃。编辑副刊三十余年，有幸与不少前辈文人交往，而他们中间的不少人，都曾编辑过副刊，如夏衍、沈从文、萧乾、刘北汜、吴祖光、郁风、柯灵、黄裳、袁鹰、姜德明等。在不同时期的这些前辈编辑那里,我感受着百年之间中国报纸副刊的斑斓景象与编辑情怀。

行将退休,编辑一套"副刊文丛"的想法愈加强烈。尽管面临新媒体的挑战,不少报纸副刊如今仍以其稳定性、原创性、丰富性等特点,坚守着文化品位和文化传承。一大批副刊编辑,不急不躁,沉着坚韧,以各自的才华和眼光,既编辑好不同精品专栏,又笔耕不辍,佳作迭出。鉴于此,我觉得有必要将中国各地报纸副刊的作品,以不同编辑方式予以整合,集中呈现,使纸媒副刊作品,在与新媒体的博弈中,以出版物的形式,留存历史,留存文化,便于日后人们借这套丛书领略中文报纸副刊(包括海外)曾经拥有过的丰富景象。

"副刊文丛"设想以两种类型出版,每年大约出版二十种。

第一类:精品栏目荟萃。约请各地中文报纸副刊,挑选精品专栏若干编选,涵盖文化、人物、历史、美术、收藏等领域。

第二类:个人作品精选。副刊编辑、在副刊开设个人专栏的作者,人才济济,各有专长,可从中挑选若干,编辑个人作品集。

初步计划先从20世纪80年代开始编选,然后,再往前延伸,直到"五四新文学"时期。如能坚持多年,相信能大致呈现中国报纸副刊的重要成果。

将这一想法与大象出版社社长王刘纯兄沟通,得到王兄的大力支持。如此大规模的一套"副刊文丛",只有得到大象出版社各位同人的鼎力相助,构想才有一个落地的坚实平台。与大象出版社合作二十年,友情笃深,感谢历届社长和编辑们对我的支持,一直感觉自己仿佛早已是他们中间的一员。

在开始编选"副刊文丛"过程中,得到不少前辈与友人的支持。感谢王刘纯兄应允与我一起担任丛书主编,感谢袁鹰、姜德明两位副刊前辈同意出任"副刊文丛"的顾问,感谢姜德明先生为我编选的《副刊面面观》一书写序……

特别感谢所有来自海内外参与这套丛书的作者与朋友,没有你们的大力支持,构想不可能落地。

期待"副刊文丛"能够得到副刊编辑和读者的认可。期待更多朋友参与其中。期待"副刊文丛"能够坚持下去,真正成为一套文化积累的丛书,延续中文报纸副刊的历史脉络。

我们一起共同努力吧!

2016年7月10日,写于北京酷热中

目 录

第一辑 风浪篇 冷眼看潮生

艺术，如何叩开市场之门

　　—— 首届中国艺术博览会侧记　　3

收藏是一种记忆　　17

立足学识，方可风雨兼程　　22

身轻如燕，自在风和日丽　　28

第一桶装的什么金　　36

第二辑 风霜篇 吴山点点愁

齐画三千虾五百　　43

油画为什么占上风?　　46

堂而皇之下	52
不妨作一次名人普查	57
雷诺阿不敌吴作人？	60
外国版画收藏要略	65
当代艺术	
——一方金色池塘	77
君问归期未有期	
——关于海外文物回流的考察	93
时刻准备着	101
苍天可畏	105
百年文物流散祭	110
尤伦斯抛售中国当代艺术考	121
谁对艺术品负责	125
夯　歌	130
潜龙在渊	135
中国人的墙头	139
还是一个小孩	143

何苦深宫锁蛟龙　　　　　　　　　　　　147

第三辑　风范篇　丰神方入云

齐白石：又领风骚筑高台　　　　　　　155
张大千：吞吐八荒揽古今　　　　　　　167
李可染：庙堂之高　江湖之远　　　　　176
林风眠：两间一卒独彷徨　　　　　　　185
黄宾虹：浑天厚土　清俊丰神　　　　　191
周思聪：热流奔涌　清荷空明　　　　　203

第四辑　风流篇　雨打风吹时

明朝酒醒何处
　　——关于亿元俱乐部的门槛及其他　229
疏影横斜　暗香浮动
　　——文房清供的形态与行情　　　　238

雅而俗 小而大
　　——美术类出版物的形态与行情　　247

因善而藏 因藏而读
　　——关于古籍善本的形态与行情　　256

一抹红云 千古清音
　　——关于鸡血石的欣赏与收藏　　264

书生气 书卷气
　　——古今文人画及其收藏形态　　273

后　记　　287

第一辑

风浪篇

冷眼看潮生

艺术，如何叩开市场之门

——首届中国艺术博览会侧记

在中国，艺术博览会并不是件新鲜事，这几年来，以博览会名义进行的艺术展卖活动有好几起，但是真正以标准的博览会形式完整地引入市场机制运行，则非去年（1993年）11月25日在广州中国出口商品交易会馆举行的中国艺术博览会莫属。

然而首届中国艺术博览会出师不利：主办单位中国文化艺术总公司亏损几十万；参展的国内外美术机构无一赢利；入场艺术家或人疲财损铩羽而归，或邀人捧场花钱买了一声吆喝……

难怪生发于中国艺术博览会开幕之前的议论至今依

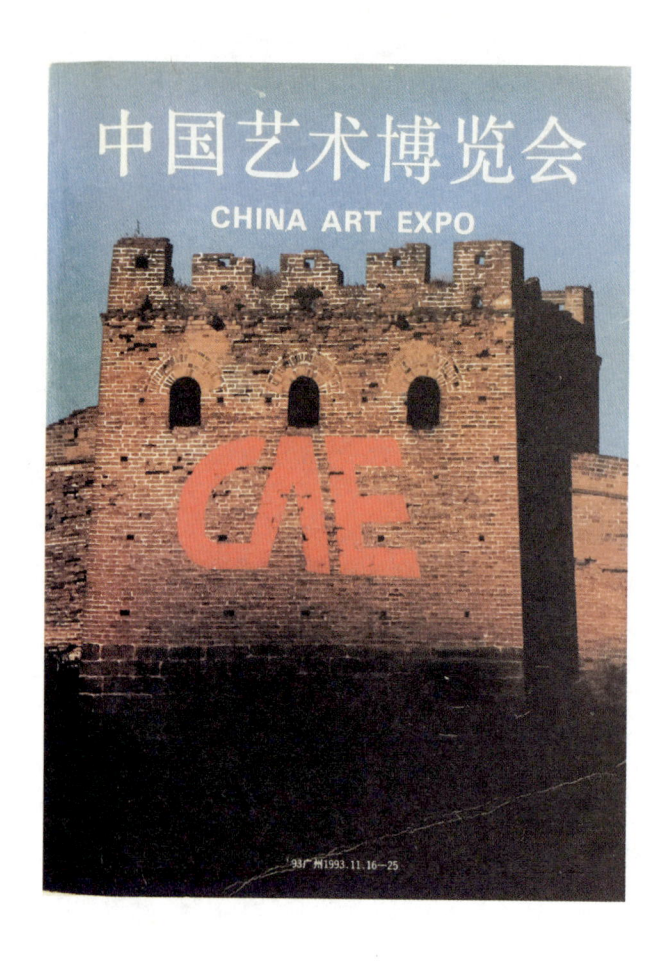

中国艺术博览会图册封面

旧沸沸扬扬，贬之，褒之，亦贬亦褒之，甚或冷嘲热讽之……

首届中国艺术博览会从一开始就不到位。

一方面，她被拔高了：

主办者愿望过于良好——"博览会将荟萃中国近代及现代各类艺术之精品"，"目的为引导艺术市场，繁荣艺术创作，沟通国内外艺术交流"。

美术界人士期望值过高——"中国艺术博览会其实是世界艺术博览会的组成部分，东西方艺术正进入质的较量"。

另一方面，她又被说歪了：

俗者："练摊去！"

雅者："权当一次展览！"

但是中国艺术博览会毕竟要在中国当代美术史上占有她的一席之地。中国美术有数千年的历史。在如此漫长的时间过程中，中国美术或者是民间的俚俗之作，任其自生自灭；或者是宫廷的掌玩之物，越玩越精致，越玩越干瘪；或者是文人雅士的清供之品，所谓逸笔草草是也。除了偶尔的"爱物"转让，艺术品和"买卖"、和市场曾经没有太多的关系。

清人郑板桥的"润格"虽然价码明确，其实也只是落魄艺术家的一曲调侃。扬州盐商抬起的画价充其量也只是昙花一现。

今天气宇轩昂的荣宝斋，想当年也只是窄窄的门脸，大多由伙计夹着包袱进出于豪门深宅，四处兜售。

没有破落的八旗子弟，没有扒坟盗墓之徒，就不会有当年人声鼎沸的北京厂甸，甚至也没有今天如雨后春笋般显露于各地的民间旧货市场。

"文化大革命"之前的中国艺术品市场或者有行无市，或者有市无行。有行无市，是因为那些艺术家多为社会闲散人员，不能让他们占领了"无产阶级的文化阵地"；有市无行，是因为这些艺术家是自己人，是战友，是同志，起码也是一个统战对象，你的就是我的，虽然我的不是你的，无须谈钱，免俗！像齐白石那样有行有市的艺术家，屈指可数。

近十余年来，中国艺术品的买卖火了。可火得有些乱，有如荒郊野火。

——前店后厂，你要谁的，我造谁的。上迄唐宋，下至当今，无所不能。一人不够便多人流水作业，人力不足则以现代照相术、激光照排辅以造旧为之。

——廉价推销，批量生产，论堆估价，成捆出口，艺术品成了旅游品，甚至成了冬储大白菜。江苏某市曾经年出口中国画十余万件，赢利折合每件作品5美元。如此败家子行径，却被识为创汇有道。

——今天一万，明天三百，甚或买一送一，能卖就行，到手是财。

——回扣招商，逃税获利；走私暴富，盗墓成风。

——产品在国内，包装在海外，孰优孰劣，洋人说了算，外商说了算。

可悲可叹的是，这些程度不一地成了各地"文化街"的寻常之景，成了各地创汇的"业绩"，成了"中外文化交流的成果"，成了中国艺术品市场的"规律"。

正是为了扭转这种损人殃国的"市场行情"，正是为了培育健康的国内艺术品市场，也为了顺应社会主义市场经济的发展，文化部艺术局委托下属中国文化艺术总公司承办，中华文化交流与合作促进会、广东省文化厅、中国对外贸易中心（集团）协办了首届中国艺术博览会。

文化部艺术局局长曲润海事前有言："博览会从繁荣创作和培育艺术市场着眼，改变以往国家拨款举办艺术展览的单一方式，鼓励艺术家和美术院校、画院、画廊、美术馆等各方面共同参与。这样既可以大体上看到中国美术的创作和人才的概貌，又可以吸引海外美术家前来交流，从而有利于中国艺术市场的培育与启动。"

中国艺术博览会因此而具备这样一些空前的品格：

规格高——她是政府有关主管部门首次组织的大型艺术品商业活动。

手段新——她在国内首次采用国际通用方式——博览会推销艺术品，她不要国家拨款，而由承办公司投资，依靠展位费与门票等收入来运转。

规模大——她所召集的国内美术院校、画院、画廊、美术馆与国外的美术机构有200多家，登录的展品有

3000多件。

品种全——涉及的品种有油画、版画、水彩画、水粉画、书法、民间美术品与工艺美术品等。

正是这么些"高""新""大""全"使这次博览会从一开始就引人注目。450个展位全部告罄后,还有机构和个人报名参加明年的博览会。参展作品的艺术家有已故艺术大师李苦禅、卫天霖、王雪涛、郭味蕖等,老艺术家有朱屺瞻、张仃、何海霞、吴冠中等,中青年艺术家有靳尚谊、朱乃正、刘勃舒、卢沉、郭怡孮、方增先、刘大为等,旅居海外的华人艺术家有丁绍光、石虎、陈穆之等。此外还有外国的一些画廊、出版社、杂志社。海外的传播媒介因此而称之为"世界艺术盛事之一"。

也正是这么些"高""新""大""全"有如放大镜般,把其中出现的、在国内举行的其他博览会上亦不鲜见的一些现象集中了、突出了,显得格外刺眼。"高""新""大""全"四个褒义词在不经意间转换成了"低迷""杂乱"等贬义词。

这首先体现为展示水平低。除海外部分展位以外,其他展位基本没有设计思想。被内定为"精品馆"的四楼只是布置整齐而已。其他各层多为农贸市场摊位水准，杂乱无章，拥挤不堪，有些连低档画廊都不如。而展品艺术水平的参差不齐，且以商品画占主导地位更是与主办者的初衷——"荟萃中国近代及现代各类艺术之精品"相背。应当肯定，参加博览会的一部分艺术家和机构的作品是能够代表其创作水准的。个人如卫天霖、陈文骥的油画静物，常青的油画风景，井士剑的抽象油画等；张仃、赵卫等的山水；方增先、刘大为、关玉良、唐勇力、戴卫、彭先诚等的人物；郭味蕖、郭怡琮、江文湛等的花鸟；蒋采萍、江宏伟等的工笔。机构如中央美术学院中国画系展区集中展示了学院部分教师的代表作；浙江美术学院中国画系展区则以单元形式分别展示了部分教师吴山明等人的作品；广州美术学院油画系几乎是全力以赴，展示的作品个性语言都比较突出；美国亚太艺术中心展区展示了一批华人艺术家的力作；法国乌拉尔版画艺术公司展区展出的版画作品在制作和构成等方面显示了与我国版画的明显区别，带来一股清新气息；翰墨公司展区展示了油画新生代艺术家的作品；海鸿基房地产公司展区陈列的是"93中国美术批评家提名展"的入选画家作品。但是这一切，都被如潮的商品画所挤挟、所掩盖，比比皆是的是一些老艺术家的应酬之作、成名艺术家的粗疏之作、未成名艺术家的急功近利之作，甚至还有对他人作品的拙劣的临摹之作。有这样一个故事：四川美术学院的一位参展的青年油画家在"看摊"之余，也到别的展位去"学习"，当他来到13号馆的一个展位时，在一大堆赝品中，他发现了自己的一件"作品"。卖赝品的摊主得知他是原作者时，没有显露丝毫的惊慌与愧色，反倒十分热情地夸赞他的画在当地如何地受欢迎，当地人是如何地喜爱买赝品等。使这位恪守"伸手不打笑脸人"古训的青年油画家不知所措，虽然他对自己的作品被仿造贱卖而不无愤慨与悲凉。而这绝不是独一无二的，博览会工作人员曾经制止了一些赝品的展卖，如陈逸飞《夜宴》《洵阳遗址》等作品的仿制品。但是博览会对那些遇墙则上、沿地摊摆的低劣之作，对那些夸夸其谈、无耻自捧的招贴却睁一只眼闭一只眼，放任自流。博览会是商业运作，商业的竞争一靠产品的质量，二靠高明而又实事求是的宣传，艺术品的经销要遵守一般商品经销的游戏规则，且有更高的要求，也即特殊性，这就是作品的品位。否则，不仅不能达到推销的目的，还有损于艺术与艺术家本身。这应当是一个得到清醒认识与足够重视的特点与规律。这次中国艺术博览会之所以从个人到承办单位都失利，个中原因不少，其中重要的一点就是对这个规律的轻视与忽视。

除了不要国家拨款与以往的官办展览不同，这次博览会的运作方式与从中体现的运作意识都可以说是一如既往。虽然组委会成立了由一大批知名艺术家组成的艺术委员会，也确定了对参展机构与展品的审查原则，但是组委会的忙乱与艺术委员会的虚设（艺术委员会的9位名誉主任与主任只有2位出席了开幕式，18位委员不到四分之一到了广州，而他们在广州也只是忙于自己的展位与推销，他们没有得到应有的权利，自然不能履行应尽的责任），说明审查之说真的只是一种说法，而不是一个必须履行的程序。这就是我们在过去岁月里常见的形式主义与官僚主义，最少也是一种官商作风。人们据此认为主办单位与承办单位对这次博览会、对参展机构与艺术家没有尽到责任是有道理的。组织机构如此，参展机构与艺术家个人也是如此。参加这次博览会的人们不会感觉不到弥漫于整个展馆和整个展期的急功近利的气息。开始两天，展区里还有些清朗气象，因为无人问津便沉不住气了，展馆里陡然杂乱起来：破口大骂者有之，大声吆喝者有之，相互攻讦者有之，撮堆打牌者有之……艺术家的清高、散淡荡然无存。这一切并不是什么新鲜事，而是中国文化人传统的"无行"之劣根性与传统小商小贩相互踩踏之劣迹的混合体。现代化既是行为方式的现代化，更是思想意识的现代化，中国艺术与艺术家要经受住"摩菲斯特"的诱惑与打击，既要有对于艺术的献身精神，也要有对于现代商业知识的进修。

这么多机构，这么多艺术家，这么多艺术品（经组委会登录的作品有3000多件，实际展卖的作品则是成十倍地放大，据保守估计，最少有两万件），但是真正值得人们流连的展位与作品实在是太少，艺术的天地、艺术运作的天地被艺术家与艺术经纪人自己压缩在一个狭小的空间里——艺术机构（艺术经纪人）的小贩派头与艺术作品的小家子气。有不少展位与艺术家准备了宣传品，在博览会开幕头几天，这些宣传品是赠送的，后来因为艺术品卖不出去，这些宣传品便成了商品。而艺术家与艺术经纪人采取"漫天要价，就地还钱"的方式使一些已经习惯了现代商业运作方式的客商对中国艺术品的价位无从把握，对与艺术经纪人的商洽没有底数。

如果说，这次中国艺术博览会体现的承办单位、参展机构与艺术家个人的思想素质、思维方式、运作手段等方面的差距令人慨叹的话，她所展示的中国艺术市场整体格局的缺损更应当引起有关部门的重视，譬如说，国内艺术家的个人所得税过高的问题（这导致了艺术品黑市的发达与博览会场外交易的活跃，有人估计，这次中国艺术博览会场内外交易的比例最少是 1∶3），国内艺术品经销营业的税收问题（在这次博览会中，多数展位开具的纳税金额远远少于实际金额，这一方面是他们对组织工作的不满，另一方面也是其法治意识薄弱的一种表现),海外艺术品的关税与海外艺术家的个人所得税问题(中国艺术博览会要与整个国家的改革开放大趋势同步,应当取得相当于特区的某种政策,否则海外艺术机构与艺术家只能是畏而却步),艺术经营机构、艺术经纪人的专业化与权威化问题(艺术品经销的现代方式是代理制,让艺术家直接与客户洽谈毕竟是一桩令人尴尬的事),艺术批评与艺术商业的相互参与问题(艺术委员会再也不能形同虚设,中国艺术博览会要提高品位,重要的工作之一是强化艺术审核制度),艺术品市场的沟通渠道与地下市场的公开化问题(中国艺术品市场交易的偶然性既说明了社会对于艺术品的认可还缺少市场角度,也说明中国艺术走向世界的道路还比较漫长,中国艺术家的世界化离不开国家实力的进一步增强),艺术品市场各相关方面的利益分配问题(没有一个合理的利益分配原则,就不可能有一个健全的艺术品市场,现代市场的格局既是相互竞争的,也是相互依托的,不让别人赚钱的人,自己一定赚不到钱)等。这些问题涉及法律、法规、制度等方面,要想在一两次活动中找到解决办法是不可能的,但是如何总结、如何认识、如何逐步解决却是一个刻不容缓的工作。

首届中国艺术博览会是不成功的,但她无疑是历史性的。

成功了,是英雄;失败了,也是英雄。

历史不会原谅前人的迟钝与怯懦,但不会嘲笑前人的幼稚!

(《开放》1994年第5期)

注:此稿原系《美术》杂志约稿,因为"比较尖锐"而被退回,后投新华社上海分社主办的《开放》杂志发表。第二届中国艺术博览会没有邀请本记者参加,因为"批评了他们"。新华社记者的"待遇"尚且如此,可见批评性报道之艰难。

收藏是一种记忆

关于记忆,人们可以从生理学、心理学、社会学等方面来描述与界定。但无论从哪个角度去描述与界定,记忆都是一种收藏;反之,收藏也是一种记忆。

收藏是一种关于个人的记忆。对于一个人来说,有许多事情或东西是值得记忆的,或者说是难以忘怀的,譬如初恋,结婚纪念日,父母亲的生日与忌日,第一次拥有的家(特别是房子和户口本),找到的第一份工作(特别是第一份工资),读的第一本小说或对自己影响最大的一本或几本书,自己的身份证、工作证、医疗证、驾驶证、退休证,单位的出入证与小区的通行证……人的一生可以概而言之,也可以写一本厚厚的传记,但无论丰俭,如果人生的节点和一些物件相联系，保留这些物件、珍惜这些物件就是一种收藏了。进一步说，如果这些物件是有特点的、有分量的，甚至是有审美价值、体现历史沧桑的，就可能在百年之后得到后人珍惜。就像DNA一样，承载着家庭的信息而血脉相传。这些物件就成为了家庭的文物。有些人占用土地为前人建造墓地，却把那些珍贵的前辈遗物、家庭资料、家族文件视为畏物而付之一炬，个中的愚昧真让人哭笑不得。

收藏是一种关于历史的记忆。当一个人的手头除了一些关于"我的"记忆的物件，还有一件或一些关于"你的"、"他的"、一条街道、一个村庄，甚至是一条河流、一座城市、一个民族、一个时代的记忆的物件，并且把它和它们郑重地交到了自己的后人手上，你说，这会是一个什么样的家庭呢？！当你的后人延续并扩大了你的收藏，这又会是一个什么样的家族呢？！当我们大家的后人延续并扩大了我们的收藏，这又会是一个什么样的民族与国度呢？！有着清晰年轮的树一定是参天大树，有着详细年表的人多数是社会栋梁，有着丰厚积淀的民族和国度无疑是伟大的民族和国度。浑浑噩噩的人生不会有什么光亮，无视前人的家庭不会有什么出息，一个民族要从头再来肯定是不得已而为之的事。从这些年蓬勃兴起的收藏热潮中，穿过那些令人眩晕的泡影，我们看到了许多人士，特别是许多老人们多方搜索、四处考证，以展现所在区域民族民间的淳厚习俗，以展示个人与群体历史的坎坷不屈，让往事更加丰满，让记忆更加充实，让历史更加摇曳多姿。

收藏是一种有序的记忆。人的一生要走多少路，要过多少桥，要与多少人朝夕相处，要与多少人擦肩而过，过手多少钱两，消耗多少粮食，使用多少物件，能不能相遇奇迹，能不能拥用异物，都没有一个定数。但是当记忆进入有序，当收藏进入生活，一些偶然就可能走向必然，一些变数就可能定格为常数，在有心人的眼里，腐朽不一定能化为神奇，但神奇肯定不会被漠视，甚至被视为腐朽而弃之。在中国历史上，大到当权者的焚书坑儒，小到老百姓把"甲骨"当药吃、把挖祖坟当致富营生，这些关于收藏的大大小小的悲剧与闹剧，肯定是思维的混乱，也是记忆的无序。收藏是一条不一定清澈但流畅有序的河流，有源头，有中游，有大海这样辽阔的归宿。所以进入收藏的人们一定要有明确的目的、认真的态度和刻苦的精神。收藏一生，学习一生。否则，整天妄想捡漏儿，满心指望暴富，终生凭耳朵从事收藏，到头来一定是所得无几，甚至可能血本无归。

收藏是记忆的手段，是记忆的形式，也是记忆的结局。人的一生可以不收藏，也可以有意识地选择其伴随一生，所以收藏应当是轻松的事，最少要有一个轻松的心态，不轻松则难以持久。轻松就是量力而行，起步不能太高，好高骛远很可能导致缩手缩脚，举步维艰，因此而一事无成。轻松也是随遇而安，切不可刻意为之，撞到南墙也不回头，贪大求全一定会导致半途而废。从目前情势看，许多从事收藏的人士之所以难得轻松，根本就在于他们所作所为没有多少关乎收藏、关乎文化、关乎历史，而只是在投资，甚至是投机。

记忆伴随一生，收藏则是可有可无，切不可让可有可无的事使得人生十分辛苦、家庭关系十分紧张。

不过,当收藏加入人生,记忆会更深刻、更形象,人生会更厚朴、更精彩。也因此,社会会更丰富,时代会更典雅。

(《人民日报》2009年7月19日第8版)

立足学识，方可风雨兼程

中国文物与艺术品拍卖的启动已经快20年了，中国文物与艺术品市场的恢复已经快30年了，回头望去，低头想来，可以说是常见花开花谢，总闻潮起潮落。

一波又一波行情启动，一拨又一拨人士介入，一笔又一笔资金投入……多少奇珍闪烁着异彩归隐而去？多少冲动归于平静而又冲动起来？多少银两投进来却不知多少能够完身而退，甚或凯歌高奏？当年那些被人小心翼翼捧回家，视为传家宝的物件怎么这么快就复出了？当年那些被人识破身份的赝品怎么还在预展、上拍，招摇过市？当年那些人士的高调言犹在耳，如今怎么身影依稀，甚至不见踪影了？当年那个竞得一对天安门退役灯笼（如图），言说"让全国人民放心"的人士哪儿去了？当年那个出价举止夸张，人称

立足学识，方可风雨兼程

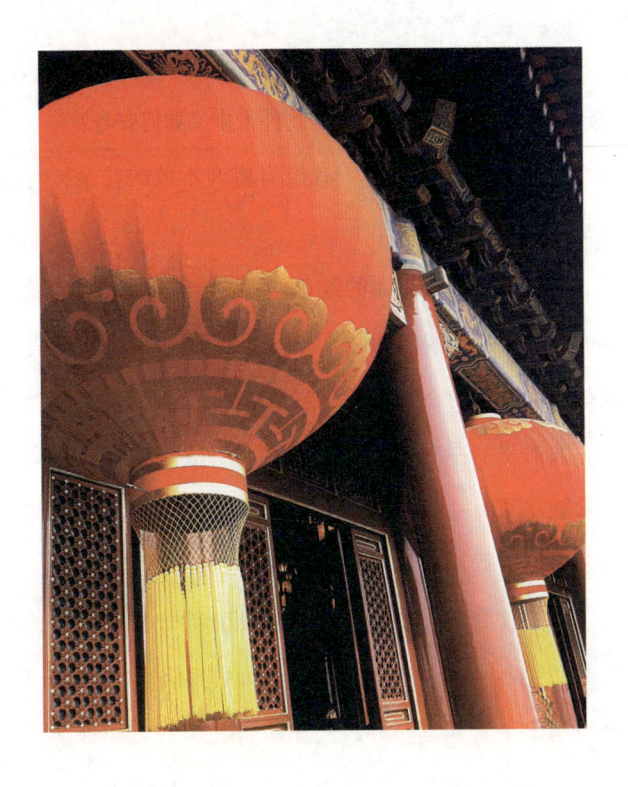

20世纪90年代中期，天安门更换灯笼。旧灯笼中的一对交由北京一家拍卖公司拍卖，最终以1380万元人民币成交。如今，那家竞投的公司已经倒闭了，这一对灯笼也不知在何方。留给我们的思索是：这一对灯笼到底价值几何

"大一口"的人士哪儿去了？今天，那些高调出场的人士未来走向何方？那些高价成交的物件未来又如何安身？

因而人们常常设问：有没有盛开不败的花朵？有没有永立潮头的弄潮儿？

自然界里没有不谢的鲜花，收藏界却有着千古奇葩，那就是历朝历代人类祖先智慧、想象力、大投入三者相融相激而造就的文物精品与艺术精品。问题是花开何处？

大海里有乘风击水的冲浪高手，战场上有审时度势的常胜将军，收藏界也有"手把红旗旗不湿"的弄潮儿。问题是何以弄潮？

中外收藏史上的大量事实表明：除却客观因素，如战争、火灾、瘟疫等祸从天降，又如打捞沉船、发现宝藏、种地刨出个青铜器、摔跤磕出个大元宝等有如神助，收藏家的成败大多在于其是否立足于学识基础之上。

立足于学识，可以得到开阔之视野，因此，你可以在中外历史，包括文化史、艺术史、收藏史、科学技术史、自然史的大背景下来确定自己的坐标，来选择自己的路径，来认识对象的价值，来预测未来的行情，甚至预定规避风险的退路。20世纪三四十年代，上海一带热捧"三吴一冯"，北京热捧齐白石等，如今，除了吴湖帆时现精彩，吴待秋、吴子深、冯超然已然归入二三流了，而市场定位的巨大差别就在于齐白石之气象可以在数千年艺术史中端详，而他人只是凡人中之翘楚，呈一时之鲜而已。当年徐悲鸿推崇张大千为"五百年来一大千"，并非顺口溜，而是环顾数千年中外艺术史后发出的由衷感慨。

立足于学识，可以得到深邃之境界。人与人交往可以判定彼此境界之高低，人与物打交道却没有他人插嘴的份儿。因此，在收藏界，就品位而言，人、物一致与人、物相反的现象比比皆是。品位高低与赢利大小虽然不能说存在反比现象，但也不能说成正比，但是这是在眼前这不到20年的区间里得出的结论，从历史与外国收藏大家的成败得失观察，眼界的高低、品位的高低不仅影响社会评价与历史评估，也影响到收藏品的评说与市场的行情。这些年，一些收藏家的藏品不及学问家的藏品市场号召力大，就可以援引为此方实证。如北京华辰2009年秋拍中王伯祥父子两代递藏之文人墨迹之所以火爆异常，就在于人们从中发现了文化人之间的风雅，以及这风雅的隽永与辽阔。

立足于学识，可以得到绵久之后力。在收藏史上，传为佳话的物件常常惊人出彩，最终为人们所重视的正是其中的人性之崇高与文脉之纯正。人性之崇高与文脉之纯正虽得于传承家教，更需要后天的学习与修养。因此，一个收藏者要成为收藏家，要在文物与艺术品市场如鱼得水，又要在自家藏室与书斋里如沐春风，同样离不开学识二字。不仅入市要学，离市也得学；不仅在外要学，居家也得学。收藏之道，就学习而言，可以说是一条不归之路，除非因天灾人祸而夭折。近20年里，中国文物与艺术品市场中，那些轰然而起、戛然而止的人物之所以居多数，就在于他们多是凭一时之利、借一己之力，没有坚持把学习放在首位，因此而忘乎所以，因此而市道中落，无力风雨兼程。

立足于学识，可以减少失误、规避风险。中国收藏界之所以要风雨兼程，就在于起步时间不长、制度条规不严、人员素质不佳，以及金钱诱惑太大、发财心切。所以赝品与假拍比翼齐飞，神器与次品同台亮相，风起四方，水生八面，鱼目混珠，泥沙俱下。而且作伪者在暗处，大家在明处，所谓明枪易躲暗箭难防是也。所以收藏者应当明白，以不变应万变的法宝就是学识二字。学识可以让你沙里淘金，即使跌倒了也能够明白因何跌倒，知道从哪儿爬起来。学识也可以让你不冲动、不盲从，不被人操纵。这些年，"清初四王"被人为抬到天上，学术上的翻案虽然没有完全实现，市场上的反应却是有些矫枉过正，价格紧逼四僧，岂非咄咄怪事？！"扬州八怪"的作品不见多少动静，宫廷画师的作品却是纷纷上涨，与美术史论满拧。这些不是学术界人士没有提醒，而是由境外机构与人士领路和扶持的中国文物与艺术品市场过多地依从了前者的惯性，皇权神圣的影响起着决定性作用。但是这一定会在未来受到学术的清算，当事者应当有清醒的认识与提前的安排。

当然，学识有大小、深浅，当事者无论何时、如何起步，无论身处象牙塔上第几层，此生当以读书为要务。

收藏，当始于学识，归于学识。

（《人民日报》2010年10月10日第7版）

身轻如燕,自在风和日丽

在文物与艺术品市场中,无论是镇定若山的巨贾,还是行色匆匆的行家;无论是摘花掐尖的收藏家,还是"拈花惹草"的爱好者,他们有着不同的气度与境界,也有着相同的状态与表现。各色人等在拍卖槌下粉墨登场,各种心态在聚光灯下自然坦露;有的让人景仰,有的让人轻视;有的让人信心满满,有的让人忧心忡忡……大佬阔少的钱来得容易,咱们大可不必杞人忧天,唯芸芸众生的血汗钱让人心疼。不过,无论贫富,其收藏心理的褊狭不畅,却是让人担心。

捡漏儿之心不可有

"捡漏儿"心理是当前中国文物与艺术品收藏领域的一大公害,也是这些年相关报道、研究、收藏类节目的一大失误,对于刚刚起步的收藏爱好者而言,其害几乎是如影相随,祸害无边的。

"捡漏儿"是存在的,关键是谁"捡"了谁的"漏儿"。

在中国文物与艺术品市场起步之初,大家都处在懵然状态:拍卖公司刚刚草创,游戏规则尚不熟练;文物商店还是国营,官商气息依然浓厚;学者、专家枯坐书斋,学问、资本两相无关;农民、小贩如拾破烂者差不多,收藏者大多是钱比知识多。那个时候,捡漏儿的是中国香港、台湾,以及东南亚地区的收藏家和古董商人,他们比我们先行一步,自然得了先机占了便宜。实际上,他们之所以能"捡"中国内地的"漏儿",原因在于自身——这个"漏儿"是多年极左造成的,是多年封闭造成的,是多年僵化造成的,所以在内地拍卖公司的首场拍卖中,有香港收藏家兼古董商人以一人之力而竞得 1/3 拍品。如今说来,那可是天下第一"漏儿"了。与此相似的情况是，一些出国公干、留学、经商人员在外国人对其先人的收藏不重视、对中华文物不知情之际，在异国他乡"捡漏儿"而归。

国家相关制度规定，文物界专家个人不能参与收藏，所以许多文物界领导与专家家里，曾经是家徒四壁，但这已是从前的事了，比较遥远。这些年，专家们被国家派入市场，为国家收藏掌眼；被机构请入市场，为相关学术建设出力；被亲朋好友拉入市场，为友谊亲情做贡献；也有被夫人子弟推进市场，为家庭幸福做最后拼搏。在如许情势下，专家们不可能守身如玉，更不能六亲不认，只好边走边"捡"。说来，专家"捡漏儿"机会是最多的，成本是最低的，方法是最简单的，路线是最直接的。不过，有老专家"捡"到"越王勾践剑"的故事说明，有些"漏"是很复杂的，并非常人可为，也不是专家一定可为的。因此，除却出租车司机在后座上捡到乘客遗忘的电脑包比较令人信服外，文物市场上那些"捡漏儿"的故事大多不能说明发横财的可能性有多大，而是证明知识、学问培养眼力的重要性十分的大。

一些古董与艺术品以天价成交，一些收藏家与古董商人获利丰厚，这些都是事实，但是人们很少把这些眼前的灿烂与相关人士多年的苦涩相联系，把眼前收益的丰厚与当年的投入相联系，把眼前的顺畅与多年承受的风险相联系。前不久，清乾隆浅黄地洋彩锦上添花"万寿连延"图长颈葫芦瓶在香港拍卖中创造了中国瓷器的拍卖世界纪录，其收藏者为戴润斋，他在1953年由纽约赴英国购买的中国古董，大多是以当时的天价购进的。苏富比的一位老专家回忆说："当这位来自纽约、讳莫如深的中国买家突如其来出手竞投时，不难想象现场的轰动和惊喜交集。"由此看来，在收藏领域，特别是在起步求学阶段，真不能有"捡漏儿"的心思与安排。那些收藏家与古董商人捡的"漏儿"里，大多在未来岁月里被填充了许多的艰辛苦楚。看不到这一点，与异想天开无别。

没撞南墙也回头

其实，"捡漏儿"不是最可怕的，因为是"漏"，所以大多数的费用不是太多，一般不会到使人倾家荡产的地步，而远较其过分、让人哭笑不得的，是那些财大气粗、自以为是的人们。

他们买了一些书，他们也看了一些书，他们甚至也引经据典，也满嘴术语，自以为知道了鉴定器物与欣赏书画的门道。于是，他们依据那些"入门""宝典"大举收藏。当他们的藏品一次又一次地为专家否定，他们不无委屈地说："我都是按照专家的条条框框进行的呀！"殊不知，那些赝品的制造者也是按照他们读的那些书行事作为的。这种本本主义害死人的现象在收藏界可不少见。

市场魅力、金钱效应，致使学术界群起响应：有的以次充好，白发苍苍的副研究员冒充学术权威；有的越界充能，研究瓷器的连书画也妄加点评，研究唐宋的连明清一并搂着；有成就的还谦和低调，半瓶醋的却在那儿手舞足蹈，眉飞色舞。不明就里的人们听从那些人士的忽悠，无比神勇地举牌竞投，无比慷慨地付账买单。他们以为，为他们掌眼的专家就是为他们撑腰的专家，

身轻如燕，自在风和日丽

1953年，戴润斋在伦敦以270英镑购得清康熙釉里红缠枝花果图葫芦瓶。270英镑在当时折合成人民币约1900元，当时在荣宝斋大约能买超过100平方尺的齐白石作品。2010年10月，此瓶以602万港币成交，而"当年买的"齐白石作品之市价应在1亿港币左右。所以即使是"捡漏儿"，也有大漏儿、小漏儿之别

至于这保驾护航的是一艘航母,还是一条舢舨,他们不计较,但是历史可没有这么宽容,市场可没有这么厚道。

还有一些人士置学术界的提醒、舆论界的告诫于不顾,他们不仅不反躬自问,检讨自己,而且走向极端,一意孤行,有的甚至恼羞成怒,指责专家不懂,指责学者霸道。他们只相信自己,相信自己的财力,相信自己的创造力,拿他们自己的话来说就是:"我买了这么多东西,我在收藏界混了这么多年,怎么我就说话不算数!"的确,在他们的家里、公司里、集团里,他们是说话算数的,但在收藏界,任何人的藏品只要公之于世,就要有真凭实据,就要有多方支持,就要经得起反复推敲,就要经得起深入盘诘,最好的证明是你出手有人接盘,你展示有人叫好,真金白银是现实铁证,学术定评是历史丰碑。

遗憾的是,"不撞南墙不回头"在此间不成立。这古训之所以无效,既在于收藏多行于私下,藏品多归于密室,隐而不显导致一些人士的固执为他人所不知,一些人士的极端为社会所不晓,一些人士血本无归尚不自知且执迷不悟、自恋不已。没有一堵南墙阻止他们。他们是起于泥淖、立于泥淖，自然也走不出泥淖。

无论是贪图便宜，还是心存侥幸；无论是照本宣科，还是偏执自信；究其因果，都在其自身，自身的心理过于紧迫、过于偏激、过于板滞。所以大家应当重视自身心理可能带来的风险。调整心态，放宽心思；树信心，有苦心；存疑心，去贪心；静心读书，大度行事。唯有如此，方可谓：身轻倘如燕，风和日正升。

（《人民日报》2010年11月7日第8版）

第一桶装的什么金

无论是摆摊还是开店，无论是策展还是主持，无论是拍卖还是投入，无论是收藏还是研究……中国文物与艺术品既然有了一个完整的开放性的市场，就难免有风险。这市场的大规模复兴已经有了30来个年头，按理说，应当有了几分成熟，可是其中的风险依然如故，甚至随着体量的增加而增加，有时可谓风雨飘摇。

眼前最大的风险莫过于赝品横行，未来最大的风险莫过于各位收藏家与机构第一桶金的不干不净。这不干不净玷污了党纪国法、乡规民约、良知操守，理应得到清算。100多年来的战乱频仍与人祸不断曾经使得中国的绝大多数人家一贫如洗，家徒四壁。因此，在这些年中，从无到有的中国收藏家中的一部分人是起步异常的：他们有的曾经是位高权重者，下属给他们"奉献"了或公或私的文物与艺术品，他们的藏品中有一部分等同于受贿物；他们有的曾经是项目把关人，利益相关者为他们搜寻了一些或大或小的文物与艺术品，他们的藏品中有一部分来源于权钱交易；他们有的曾经是身强力壮、胆大包天者，依靠自己的胆量与力气，在某些个月黑风高的夜晚盗挖古墓，他们的藏品其实是他们的罪证；他们有的曾小有资产，也可能是节衣缩食，经常去乡下转悠，或者在建筑工地门口蹲守，从农民与建筑工人手中得到一些古老物件，然后私自进行出土文物的交易；他们有的就是国家文博机构的工作人员，天时地利与知识让他们先走一步，只是这一步有些狡诈，有些下作，起码是不厚道，以他人的无知作为自己捡漏儿的机会；他们有的是走出国门的先行者，只是，他们当初在自己的行李中夹带有一些不许出境的文物与艺术品，若干年后，他们翩然归来，腰缠万贯，不可一世地用洗过的钱大举买进，俨然一个个收藏大家……

这些年来，这些带着先天不足缺陷的文物与艺术品一部分已经进入了市场，通过合法的渠道与手段转换成了真金白银，转换成了一些人的华服美食，转换成了一些人的骄奢淫逸，转换成了一些家庭与家族的神话与辉煌，但更多地则慑于法纪与舆论等方面的压力，依然秘不示人，真假如何？价值几何？也许只有天知道。从这几年那些东窗事发的贪官污吏处，我们看到了一些东西，听说了一些事情，知道在中国民间的收藏中，赃物之巨可与赝品比肩。因此，我们有必要大张旗鼓地告诉那些从事收藏的人们，一定要重视收藏行为、收藏过程和收藏品所可能带来的法律风险。

为官的清廉就是两袖清风，而不是你收受别人难以估值的东西。听说，在个别官员被双规抄没后，一些艺术家应邀确定其作品时，一般都说是假的，至少会说自己的作品不值钱；一些鉴定家应邀鉴定文物时，一般也都说是假的，至少会降低其等级。艺术家与鉴定家们都沿袭着中国的传统美德，不愿意落井下石。重庆文强案中张大千作品鉴定的戏剧性变化就是一例。因此，有关部门在工作中一方面要通过学术性机构来确定文物与艺术品的真假优劣，另一方面还要以不法分子之间的交易事实来定罪，不能因为贪官收受的是赝品与劣作而高抬贵手，甚至不屑一顾，须知：天平的这头是一件假文物与艺术次品，天平的那头却可能是国家和人民利益的巨大损失及法纪尊严的严重伤害。我们不能手软。

这些年，盗墓之疯狂可以说是无以复加了，除了严厉

第一桶装的什么金

清乾隆粉彩描金无量寿佛坐像。这件文物于 1972 年由故宫调拨至承德外八庙管理处，后被原承德市文物局外八庙管理处文物保管部主任李海涛偷盗出库，在 2002 年 10 月 28 日香港佳士得拍卖公司秋季拍卖专场"皇家信仰：乾隆朝之佛教宝物"中出现，带有原始标签，估价 200 万—300 万港币，以 227 万余港币成交，后被依法追回。李海涛因盗取 200 多件文物被依法判处死刑

打击之，还应当在文物的出路上下功夫严管理，一定要让被盗文物出不了境、上不了市、出不了手、换不成钱。于是，我们吁请有志于收藏的人们：千万不要碰出土文物；如果手上已经有了，赶紧捐献给国家，以迟到的清风泉水荡涤心灵的大小罪孽。

风险已然难免，大也罢，小也罢；长也罢，短也罢；规避风险的良策莫过于始终规矩。否则，无论何时，无论何物，总有些让人忐忑。日子都难过，就不必说优游了。

(《人民日报》2011年12月11日第8版)

第二辑

风霜篇

吴山点点愁

齐画三千虾五百

没有人统计过齐白石先生一生到底创作了多少件作品，其在世的作品又有多少件。说齐白石先生的3000件作品中就有500件是画虾的，这只是一个大体的说法。或者说，这只是一个有些尖刻的比喻。

曾经听一位与齐白石先生有过交往的老先生说，晚年，齐白石先生每年年初起六七个稿子，这一年就翻来覆去地画之。其中既有齐白石先生对于艺术的探索，也有他对于门前车水马龙的应酬与应付。

毫无疑问，深厚的功力积累，丰盈的文化涵养，高远的艺术视野与充沛的生命活力，使齐白石先生下笔如有神，寥寥数笔亦让人叹为观止。但是如果我们把他一生所画的虾集中起来，办一个展览，还会有观者如潮、好评如潮吗？自然，这是一种苛求。

因为世俗，我们不能苛求艺术家。作为后来人，我们没有经历过齐白石先生所身处的清末民初的艰难时世；作为老百姓，我们也没有经历过他作为名满天下的艺术家所得到的登堂入室的盛况礼遇。但是我们从书本中窥视到了历史的某些章节，从今天发现了昨天的某些遗迹，也从花样翻新但万变不离其宗的世俗中，体会到了做人辛苦，甚至包括作为名人的痛楚。对于艺术家，社会曾经也正在不断地提出一些超越艺术的要求，使艺术家疲于奔命，四处应酬。艺术家作为社会中人，也有求生的本能与致富的愿望，社会当宽容以待。据说，齐白石先生曾经给一位他所敬仰的大人物下跪，因为年届望百的他不堪没完没了的应酬。这些年，由文人雅集蜕变而盛行的笔会，虽然个别艺术家是欣然命笔，但多数艺术家则是无奈为之。

因为艺术，我们不能不苛求艺术家，特别是像齐白石先生这样的大艺术家。说艺术是艰苦的创造性的劳动，这是一种常识，在此重申，似乎是对艺术家的一种大不敬,但是很有必要。当前艺术界一些不良现象的始作俑者,就可以追溯到一些大艺术家的失误。这些年,人们常常尖锐批评的美术界"称王"现象,就是一个例证。近百年来,有一些艺术家以题材而"称王",且集中在花鸟一科。此种又有分别,一类是名家之一翼,如齐白石的虾、徐悲鸿的马、李苦禅的鹰、李可染的牛、黄胄的驴等;另一类则是"专门家",如葡萄王、牡丹王、牡丹仙子、江南画鱼第一人、东方墨竹大士和今年呼啸而出的"虎王"等。严格来说,前者是后者的榜样,后者是前者的夸张。笔精墨妙毕竟不能遮掩千百次题材雷同之病垢,如果齐白石不四处画虾,徐悲鸿不四处画马,李苦禅不四处画鹰,黄胄不四处画驴,李可染不四处画"老牛牧童",虽不至于消解美术界"称王"的现象,至少也让人可以批评无忌了。

(《文艺报》1998年5月12日第3版)

在"2000中国艺术博览会"上,油画再一次占上风。一年一度的中国艺术博览会是中国艺术品市场的重要窗口。她所显示的,既是认识中国艺术品市场的重要参数,也是预测其未来形态的重要依据。因此,我们有必要探究一下:

油画为什么占上风?

中国艺术博览会自1993年创办以来,迄今已经是第八届了。前四届中国画一直引领风骚。1997年的中国艺术博览会上,参展油画作品占作品总数的41%,首次超过中国画作品。此后其比重逐年增加。到今年油画无论是展位数还是参展作品数,均遥遥领先于中国画。

中国艺术品市场已经形成了博览会、拍卖行与画廊三足鼎立的态势,而中国艺术博览会一直是三足之

——"博览会"的中坚。作为中国艺术品市场的重要窗口，中国艺术博览会所提供的数据，既是评估当前中国艺术品市场的重要参数，也是预测其未来形态的重要依据。因此，参展油画的占据上风，被此间人士断定为是中国艺术品市场一种质的变化。

是谁把油画推上去的？

简单来说，自然是市场的需求把油画推上去的。细说起来，则涉及学术评估、市场定位、收藏群体、销售途径、运作机制乃至创作与收藏的心理等。

在美术理论界，有一个专门术语来概括那些有市场行情的作品，它就是"商品画"，也即人们常说的"行货"。在油画界，远比中国画界严格，理论家们不仅对那些堆积在商场楼梯拐弯处的低劣临摹作品嗤之以鼻，而且把许多成名画家的作品也归入"商品画"之列，连一些声名远播的艺术家的作品也难以幸免。在这个评估中，构成"商品画"的几个因素是明确的，也即：这些作品在技巧上是成熟的，而不是探索性的；在风格上是让人看得懂的，而不是晦涩的；在情调上是明快的，而不是低沉的。学术品位上的这种定性，也可以转化为一种市场定位，所以这些作品在价格上有增值的可能，可以成千上万，否则便不能超过千元。在艺术品收藏领域，大家都希望自己能创造神话，但也害怕自己"创造"了笑话。所以和西方艺术品市场标准一致的中国油画作品自进入市场始，便后来居上，成为最为成熟的一类艺术商品。成熟的商品自然拥有一定的市场份额。正如中国艺术博览会艺术总监杨悦浦所说，改革开放之后，油画一进入市场就没有太大的"暗箱操作"，无论从销售渠道、收藏对象、价格定位、学术品位都有一个较为正常的运作过程和理想意义的市场状态。

改革开放20余年，国家经济形态的变化既创造了许多经济的奇迹，也培养了几代经济能人。随着科技含量在国民经济中比重的日益增加，在经济领域里崭露头角的是一批拥有现代科技与管理能量的知识分子，而他们的文化准备，大多来自油画的故乡——西方。这种知识上乃至文化上的血缘关系虽然受到了传统文化的冲击，在许多方面有所淡化，但在艺术品市场，特别是私人的欣赏性收藏上，还是十分牢固的。因此，在他们的选择中，油画自然是首选。更何况，在绝大多数老百姓刚刚从大杂院搬进经济适用房时，他们已经拥有高级公寓甚至别墅。他们有高大宽敞的客厅需要装饰，他们有能力也觉得有必要来实现一种他们自认为高雅的文化追求。

需要指出的是，油画在市场上的这种"胜利"一方面为其他门类艺术品进入市场提供了一个参照系，另一方面则给油画家们提出了一个课题：如何使进入市场的油画作品不沦为一种文化快餐，快餐毕竟上不了台面。

是谁把中国画打下去的

说油画占上风，是相对于中国画而言的。创作队伍庞大、收藏群体广泛、历史无比悠久的中国画之所以在博览会上被油画打败，说到底是中国画自己把自己打败了。把中国画打败的两记重拳，一是"假"，二是"糙"。

"假"这一拳是那些从事中国画市场运作的商人与经纪人打的。在中国画依然占上风的拍卖业，如果不是那些古代的优秀艺术品与现当代艺术大师那些流传有序的优秀作品撑着门面，中国画还能不能在拍卖纪录上力拔头筹，还真难说。如果说那些前人制造的他们的前人的赝品，因为他们本身已经是古人，有些还是名人，从而使这些赝品不无价值的话，那么当代人制造的赝品就只能使收藏者血本无归。像这些花钱买不来吆喝、打落了牙齿只能往肚里吞的买卖还有谁能做、谁还做呢！虽然拍卖行对拍品的真假不负责任，但还有或多或少的艺术鉴定者参与其中，还有跑不了的拍卖公司可以让人找得回公道。而在集散性极强的博览会上，前几届常见的画廊陈设的名人字画，到这几届已经是难见踪迹了。没有了名人字画撑腰，中国画想在上述科技型富人那儿与油画打擂台，可不是门儿也没有。

"糙"这一拳是那些成名中国画家打的。在博览会上，每一个展位都比较狭窄，难以展示成名画家的代表作；在博览会上，除了个别作品，多数作品的价格均在中档以下。这两个客观条件使中国画界的成名人物左右为难。如果展出有分量的作品，价格高了，不能成交，白贴了展位费；展出价格相当的作品，又都是粗糙之作，有伤自己的大雅。所以他们常常以博览会是"艺术大集"为由而不参与。实际上，他们在各地走穴"创作"的应酬之作，在家里以低价位出售的"不理想的作品"，连参加博览会这样的"艺术大集"也不够格。前四届因为有"弘扬民族文化"的意愿，中国艺术博览会等几家博览会都无偿提供展位，盛邀一些成名中国画家参展，如今双方对此都有些"意兴阑珊"了。在今年的中国艺术博览会上，参展的中国画作品有了些起色，但和阵营强大的油画展区比较，和气势如虹的雕塑主题展区比较，和琳琅满目的陶瓷展区比较，中国画展区虽有些起色，却如萤火虫般，不无光亮，但是过于孱弱。

中国画在博览会败下阵来，并不能说明中国画在艺术品市场上败下阵来，更不能说明中国画在创作领域败下阵来，但如能由此而看到中国画在艺术品市场、在创作领域存在的隐忧，大概不算多余吧。

（《人民日报》2000年8月26日第5版）

堂而皇之下

不久前，北京市第二中级人民法院作出终审判决，认定中国书法杂志社侵犯了舒同的著作权，责令其在全国性媒体上公开赔礼道歉，消除影响。

1998年11月24日至29日，由中国书法杂志社主办的"当代书法京华十一家遗作展"在中国美术馆举行，展出有舒同的10件作品。当天，不请自到的舒同夫人王云飞指出其系伪作，要求主办单位将它们撤出。中国书法杂志社认为这些作品来源是真实的、可靠的，没有采纳她的要求。翌年4月，王云飞向北京市朝阳区人民法院起诉中国书法杂志社侵权。

这起著作权纠纷，曾经引起了各界人士，特别是文艺界人士的关注，新闻界也对此表现出兴趣。之所以如

堂而皇之下

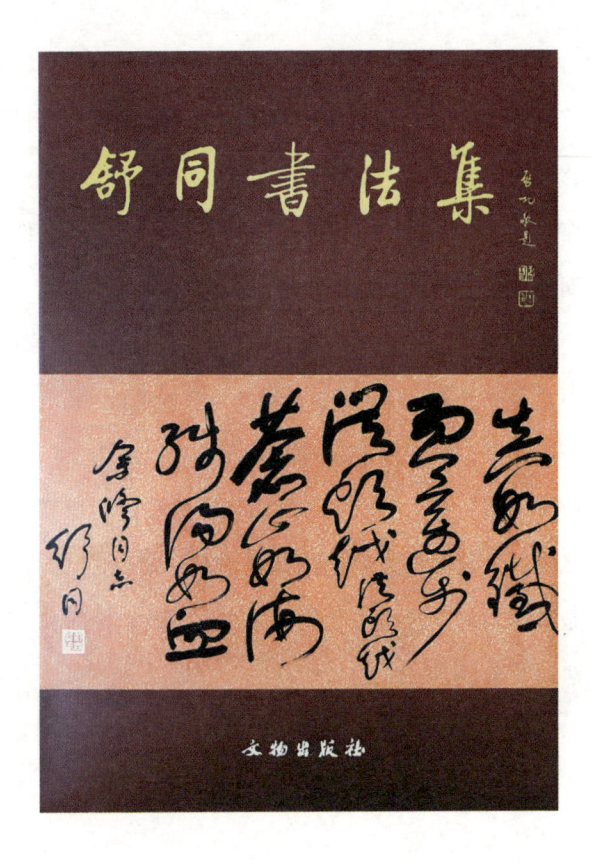

据报道,《舒同书法集》编撰时,所收作品是从各方机构与人士手中借来的,因为舒同家里不留字,也不买字,谁要即给谁写

此，一方面在于对簿公堂的一方是已故中国书法家协会的首任主席舒同的夫人，一方是中国书法家协会的机关刊物《中国书法》，双方相争的焦点又是其专业——书法作品的真伪；另一方面则是这起纠纷的产生及案件审理期间，有一些值得寻味的地方。

在上述展览中，舒同作品的提供者并非舒同的家属，也不是某一机构，而是至今不知其真实姓名的"蒙山人"。在一审期间，中国书法杂志社拒不提供"蒙山人"的真实情况。其代理人只称："蒙山人"是一位品德高尚的收藏家，收藏界的人都应当知道谁是"蒙山人"，否则便是孤陋寡闻。这些情况便让人产生了两个疑问和一个想法。

疑问一：中国书法杂志社主办纪念性的展览，为什么不让被纪念者的家属提供作品？至少也应当找家属了解作品的收藏线索。

疑问二："蒙山人"既然是一位品德高尚、收藏界人尽皆知的收藏家，中国书法杂志社在一审期间有什么必要拒绝提供其真实情况？

因为这两个问题，笔者有了一个想法：如果不是王云飞这位新四军老战士拍案而起，穷追不舍，通过中国书法杂志社主办的这个遗作展，"蒙山人"这些藏品的"真"便是板上钉钉了。这里面包含有一个模式：权威性机构主办＋权威性展名＝展品的权威性。和这个模式类似的还有：权威性展览场馆＋权威性机构主办＝展品的权威性。由此类推还有：权威性出版社＋权威性的书名＝出版物所收作品的权威性。

而这些模式的产生都源于一个渊薮，也即变劣为优，变假为真。

一些艺术家的习作、劣作、应酬之作因为入选了"××大展""××精品展""佳作选"而拔地而起，身价陡涨。

一些已故艺术家的伪作、一些收藏家收藏的赝品因为列入了"回顾展""遗作展""全集"而变伪为真，竟成正果。

堂而皇之的场馆，堂而皇之的机构，堂而皇之的活动，堂而皇之的出版社与堂而皇之的出版物竟被不肖之徒利用，成了他们洗物洗钱的手段，也成了他们今后招摇过市的幌子。而那些堂而皇之的机构、活动与出版物的权威性便被这些不肖之徒用那点可怜的"赞助费"、场租与出版利润兑换成了一片凉意——凉了观众的心，凉了读者的心，凉了收藏者的心，也使中国艺术品市场这些年来凉了又凉，至今未曾暖和过来。

（《人民日报》2001年4月22日第4版，署名：南宫品）

不妨作一次名人普查

不久前,笔者应中国嘉德国际艺术品拍卖公司邀请,赴俄罗斯考察艺术品市场。十来天时间,我们参观了国立美术馆,拜访了私人画廊,在跳蚤市场的艺术品摊位前讨价还价……间或也在莫斯科的大街小巷里浏览市容。虽然是闲逛,却有不少收获。在那些鳞次栉比、风格不一的建筑物的墙体上、门廊里,不时可以发现一个浮雕头像,或者一块黄铜牌匾。找人一打听,他们都是与那些建筑有着某种关系的俄罗斯历代名人,有科学家、艺术家、思想家、政治家、军事家、英雄与劳模。

从俄罗斯归来,朋友问我莫斯科有多少人口,答曰:"和北京差不多。"其实,从统计数据看,北京1000多万,莫斯科只有800多万,且据笔者对街头人流量及多处入住宾馆客房占有率的感觉，其流动人口也不及北京。但是在莫斯科，所有的广场中央几乎都耸立着大型雕塑，绝大多数街头绿地里也安放着小型雕塑，再加上墙体上与门廊里的那些浮雕与铜匾，所以我说，莫斯科人口 800 多万，雕塑几百万，总计人口也逾千万了。

莫斯科的这些雕塑与铜匾记载的俄罗斯历代名人，不再拿薪水，不再用车马，不再要住房，不再有吃喝拉撒睡的庸常负担。他们虽然默默不语，却又是活生生的存在，他们的精神、他们的意志、他们的思想、他们的灵魂，还有他们作为科学家的发明、作为艺术家的创造、作为思想家的著述、作为政治家的建树、作为军事家的战功、作为英雄与劳模的可歌可泣可爱可敬的业绩，就在广场上、绿地里，就在街头巷尾，就在树荫深处，化为莫斯科的文化、莫斯科的精神，成了莫斯科最为亮丽而又无比沉雄的风景线。

由此，我向各历史名城建议，在所在城市作一次"已故名人人口普查"，有钱便用浮雕铜像，没钱就用一方铜匾，而不必动辄盖一座建造难维持更难的陈列馆，把曾经生活在其间的各界名人从天国请回来,让他们成为所在城市的永久居民,让城市的每一根神经末梢透露出她固有的历史文化气息,让外来的客人们在不经意处发现、感受其积淀的历史意味……虽然城市的"人口"会因此增加几十万、上百万,但这增加的不是城市的负担,而是城市的无上荣光!

(《人民日报》2001年12月9日第4版)

雷诺阿不敌吴作人？

不久前结束的北京华辰2007年秋季拍卖会上，法国画家雷诺阿的一张油画以1120万元人民币成交，吴作人的一张油画则以1232万元人民币成交。次日，"雷诺阿不敌吴作人"成了此间某报的醒目标题，成了此间收藏界的一个热门话题。我们不妨讨论一番。

雷诺阿是世界公认的绘画艺术大师。他既是19世纪西方印象派艺术的主将，也是20世纪西方现代艺术大门的重要开启者，其市场号召力一如他的艺术影响力至今长盛不衰。1990年，雷诺阿1876年创作的油画《红磨坊街的舞会》以7810万美元售出，目前名列世界最贵的十件艺术品之第七位。据海外权威机构统计，自1997年至2006年，雷诺阿作品全球共成交274件，交易额约为4.46亿美元，全球排名第十一位。吴作人是中国公认的美术教育家与绘画艺术大师。作为前中央美术学院院长，他在油画与中国画领域的创作成就也是卓越的，其市场行情逐年走高，油画作品更是于近期有大幅度提升。据国内机构不完全统计，自1997年至今，其作品共计上拍1682件，成交938件，成交额约为1.23亿元人民币。人民币与美元比值按1∶8计算，两相比较成交额，吴作人约为雷诺阿的1/29。若论单幅作品，双方的差距更大。

从上述统计数字计，吴作人不敌雷诺阿是显而易见的。但是这样比较是不公平的。因为，油画是西方艺术的主要样式，中国的油画是舶来品，学生与老师不在同一起跑线上；西方艺术品市场已经有数百年的发展历史，而中国艺术品市场真正正常运行却是近10余年的事；中国在经济上还是一个发展中的国家，还没有实力与时间培养有足够经济实力与全球视野的收藏家。因此，我们不能也不应该把雷诺阿与吴作人作品的市场表现作简单的比较。现在的问题是，雷诺阿已经进入中国艺术品市场，雷诺阿的作品在首度交锋中败北，由此产生的认识似乎有些偏颇。

说雷诺阿不敌吴作人既不符合国际行情，也不符合中国行情。在北京拍卖的这件雷诺阿作品尺幅很小，不到吴作人作品的1/5，只是一件小品。雷诺阿自1880年因肖像作品获得1000法郎酬金后，其作品的交易额一直稳步上升，近10年一直位列全球艺术品交易的前15名之内。而吴作人的这件《南京解放号外》（如图）虽然不是其代表作，作品品相也有些问题，但确实是他的一件重要作品，且来源可靠，得到了学术界与收藏界的充分认可。更何况，雷诺阿虽然是中国艺术界耳熟能详的西方绘画大师，但其作品进入中国收藏界的视野才是近几年的事，对其在中国市场潜力的评估还缺乏数据。因此，雷诺阿作品在中国拍卖的首次亮相能够成交已经是值得庆幸的事。如果北京华辰此次秋拍中有比较重要的"中国当代艺术"作品，更刺目的标题、更离谱的话题都有可能产生。

由此，我想到中国艺术品市场的一个老话题：学术何在？自西方传教士随行带着艺术品来华，中国人见识

吴作人 《解放南京号外》

西方艺术品，已经有数百年历史了。自18世纪末中国人远赴西方学习彼邦艺术至今，中国人以油画等异质形式进行创作已经有100多年历史了。中国人的油画、雕塑等舶来艺术品的市场行情陡然上涨，且在市场上与中国画等本土艺术品不分伯仲，也有几年历史了。对于雷诺阿，并不陌生的中国收藏界不敢举牌，对于陌生的"中国当代艺术"，他们却是追高不已，所以我们常常耳闻学术界人士感慨"看不懂"行情。而"看不懂"行情的他们的评论却同时出现在关于写实派、现代派及"中国当代艺术"诸家的拍卖作品介绍中，这其中有市场滥用学术成果的一方面，也有学术界人士给钱就说好的一方面。因此，我们可不可以说，这行情"看不懂"是不是有学术的一份责任呢？！

（《人民日报》2007年12月16日第8版）

外国版画收藏要略

虽然中国版画依旧处在边缘地带,版画收藏依旧位列小项范畴,但有迹象表明:外国版画正在作为西方艺术品大军的先遣队,登陆中国艺术品市场。

本来,艺术品收藏的开篇都是由版画而油画。但在中国,由于本土艺术品即中国画的地域优势,而使舶来品油画的市场预热期过长,使版画在中国艺术品市场未及开端,即遭冷落。因此,关于版画的收藏,特别是关于外国版画的收藏未曾得到较为深入的讨论。在艺术品市场中,收藏者对于版画的专门知识大多缺乏了解,经营者对于版画的元素或不求甚解,或有意打马虎眼,而版画家们则大多随意为之、不尽责任。因此,有关认识不妨从 ABC 开始。

在材料方面，就主体材料而言，版画可以分为木版、石版（砖刻）（图1）、纸版（亚克力版）、麻胶版、石膏版、铜及其他金属版、丝网版、照相版与数码技术版等。各种材料各有千秋，无优劣之分。在市场上，木刻版画的历史比较悠久，因为原木版被毁，常有人以丝网版甚至照相版方式复制，却不注明版种技法，数十年的历史就这样被"浓缩"。

就中介材料而言，主要是油墨与水墨两种。外国版画从前主要用油墨，个别情况下有用其他颜料追求特殊效果的。近年来，因为传统油墨需要有毒性的溶剂，大多数版画家改用丙烯酸类或水性产品。从中介材料的肌理可以分辨版画原拓与有限印刷品，这是收藏外国版画时需要重视的。

就受体材料而言，外国版画多用专业的版画用纸，特别讲究的还分版种专门用纸，间或用别的材料以求个性。

从手段方面划分，版画主要分为凹版、凸版、平版、孔版（漏版、丝网版）、综合版、照相版、数码技术版等。从严格意义上说，照相版与数码技术版因为太多地借用他人的力量与技术手段，国外有些机构与收藏者不认同其为版画。至少，其原创性元素不全，故其市场评估应有较大折扣。目前，无论是外国的还是国产的，许多版画虽然标明系有限级，但其标价却是原创级的，所以，外国版画的国内外市场差价比较大。收藏者应当加强有关资讯收集。

从功能方面看，外国版画主要是版画、藏书票、书刊插图三种形式。在市场中，插图主要归于古籍善本类。藏书票从艺术上归入版画类，从功能上归为古籍善本类。因为版画界以外的人士参与较多，藏书票的制作与收藏有其自己的天地，且活动频繁。

因为艺术家的参与程度不同，现代西方艺术品市场将版画划分为四个级别，即：原创级——艺术家参与创作全过程（从模版到制作）者；有限级——艺术家或原作所有权人委托他人以原模版制作，且数量一定者；有限印刷品——艺术家或原作所有权人委托他人以印刷方式制作，且数量一定者；印刷品——艺术家与原作所有权人委托他人以印刷方式制作的数量、版次不定者。国

图1 达利《爱的艺术·比拉代思爱海尔米奥尔》(石版),在北京华辰2007年秋季拍卖会上,以5.376万元人民币成交

外艺术品市场承认原创级、有限级为版画，有条件接受有限印刷品，但在价格上与前两者有较大差异。版画的印刷品则被视为商品，这在各国博物馆的商品部比比皆是。总而言之，版画的收藏者应当牢记：究竟是利用技术来创造艺术还是复制艺术，这是版画作为艺术品与其他艺术类商品的区别所在。

进入市场的原创级版画作品，都由艺术家以铅笔在作品下方标注有作品的限定印数（分母）与该件作品的序号（分子）、作品标题、版种技法、艺术家签名与创作时间。

另外，一般不进入市场的原创级作品则由艺术家在作品左下方开头标示有字母：英文 A/P、AP（Artist's Proof）或法文 E.A.（Epreuve d'Artiste），为艺术家试作与自留件。试作与自留件所占比例一般为编号作品总数的 10%，即总数为 30 件的作品，艺术家试作与自留件则为 3 件。PP（Printer's Proof），为艺术家赠出版商（包含赠技师）作品。法文 B.A.T(Bon a Tirer)，为专业版画印刷师试印版用。H.C.（Hors d'Commerce），为非卖品。

在中国，因为艺术品市场起步较晚，不规范的现象十分严重，版画方面也不例外。一般而言，中国老一代版画家的作品多数没有编号，或者编号数较小，其他如自留件标示多为20世纪70年代末才出现的。而近几年出现的版画作品，较多的为非原创级作品，有些甚至是有限印刷品，收藏者一定要认真辨认。对于卖方的漫天要价，一定要就地还钱，理性地把握自己的钱袋子，否则，你所拥有的市场"预期"可能是遥遥无期。

1759年，即乾隆二十四年，由清宫西洋画家郎世宁等主笔，历时7年，绘制了16个画幅的《平定准噶尔伊犁回部得胜图》，并送到法国镂刻为铜版画。1770年陆续印成百套送还中国。这可能是第一批进入中国的西方有限级版画。

20世纪30年代初，鲁迅为了推动他所提倡的新兴木刻运动，从国外收集了许多外国原创级版画，涉及德国、美国、法国、日本、苏联等19个国家的305位画家，总量数以千计。同时，他还邀请外国艺术家来华主办木刻讲习会，多次举办外国版画展，出版有关画册与书刊。那时的上海曾经是中国新兴版画的创作中心，也是中外版画艺术的交流中心。

中华人民共和国成立后，各大美术学院纷纷成立了版画系，引进了新型版画创作形式，培养了一代又一代版画创作人才，基本形成了完整的中国版画创作队伍。全国版画展迄今已举办了18届，为所有画种之冠。中国版画自20世纪50年代中期起，不断有作品为国外博物馆、美术馆与图书馆收藏，其数量与受重视程度仅次于中国画。

近20年来，中国艺术品市场得到迅速拓展，中国书画、官窑瓷器各擅其场，以油画为主体的中国当代艺术近年更是异军突起。就中国版画的学术地位与社会角色而言，版画在中国艺术品市场的表现的确差强人意，虽然中国当代艺术中不乏版画家的身影，老一辈版画家的作品步步走高，中青年版画家的作品时爆火花，荣宝斋、朵云轩的一些木版水印表现不俗……版画在国外艺术品市场常年拥有1/6左右的份额，中国艺术品市场中的版画行情基本处在有关人士的"热望"之中。反差之大，令人感慨。

不是中国版画不入收藏家的法眼，而是因为中国还缺少真正意义上的收藏家。

不是中国版画不入投资人的法眼，而是因为中国还缺少中长线运作的投资人。

不是中国版画不入老百姓的法眼，而是因为中国老百姓还在为住房还贷款，为……筹钱。

因此，中国的艺术品市场人士想到了外国艺术大师的版画。当北京华辰在去年秋拍率先主办外国艺术品专场拍卖而一槌惊世时，人们才发现，西方艺术品的经营者这些年一直在中国艺术品市场周围蓄势待发。华辰此举可以说是把双方之间的那层窗户纸给捅破了。

窗户纸破了，何妨把窗户打开。打开天窗说亮话，也借此消解人们关于版画的那些误会。

和油画比较，版画与雕塑一样，因可以复拓若干，没有收藏拥有的唯一性，而收藏价值偏低，且涨劲不足，这是事实的一个方面；而事实的另一个方面则是，一个西方现代艺术大师的一件油画作品价格可以千万美元计，而其版画则为一般白领阶层可以收藏。要知道，你收藏的是一件大师的作品。如果以同样的价格涉及油画，只能收藏一件名不见经传的艺术青年的作品，其审美高度与增值潜力断难与大师版画比较。更何况，在中国画界，人们虽然找不出两件完全一样的作品，但面貌相仿如孪生子般的中国画作品又何止百件！那些出自大师之手的作品分开来看似乎"笔精墨妙"，将之聚而观之，那些相同的构图、相同的意境、相同的手法，让人观之则味同嚼蜡。这遗憾，不独外国人有！

艺术品市场如同别的市场一样，从来就是那些天价艺术品的领地，从来就是大额资金的天下，所以版画难得有引人注目的表现。其实，从艺术品市场的生发与运行过程考察，版画的地位不可小觑。

版画为艺术市场培养了大量的未来收藏家。人们通常是从购买版画开始收藏的。版画的低价位可以让初涉其间的人们练手，版画品种的丰富性可以满足不同层次、不同方面人们的审美口味，版画对于家居的装饰性更是其在西方艺术品市场长盛不衰的根本原因。

版画为老百姓提供了与富人接近的审美机会。在博物馆等公共机构，穷人与富人的审美地位是相等的。在艺术品市场中，贫富悬殊则自不待言。不过，穷人可以自己的力量收藏版画而拥有大师作品，不必要也不可能和富人一样一掷千金去竞投油画等大型作品。审美的机会与成效，在许多情况下，不是以花费多少来衡量的。

如果静下心来细算账，会发现版画的赢利水平被武断地低估了。毕加索的油画作品在20世纪90年代之前基本在百万美元之下成交，90年代以后，日本商人大举竞投，毕加索的作品迈上千万美元台阶，价格普遍抬升了10倍。而他的版画涨幅也是如此。其版画《节俭的一餐》（图2）1984年的售价为3.25万美元，2004年在香港拍卖时成交价为110多万美元，20年涨了36倍多。这个个案表明，版画起始投入虽少，但其最终价格也是惊人的，因而也不能被人忽略。其实，这是一方投资与收藏并举、鱼与熊掌兼得的天地。

西班牙艺术大师米罗说："我试图，并一直尽可能

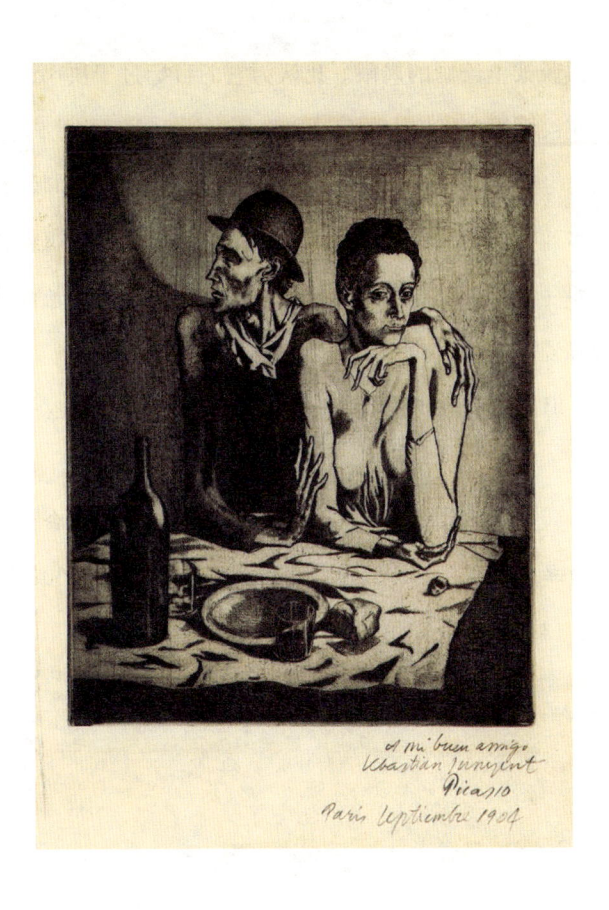

图 2　毕加索《节俭的一餐》（铜版），在 2004 年 11 月 30 日伦敦佳士得拍卖会上，以 62.125 万英镑（110 多万美元）成交

地摆脱架上绘画的局限。我认为它的目标过于狭小,我想使绘画更接近广大的民众,我从未停止去理解他们。"他的"使绘画更接近广大的民众"的手段就是创作版画。许多西方艺术大师当年之所以从事版画创作,其初衷和米罗一样,希望自己的作品为老百姓所珍藏,为老百姓所喜爱。

但愿中国的收藏者不辜负艺术家们的这番苦心。

(原载北京华辰拍卖公司2008年春季拍卖会"西方油画及雕塑"专场图录;原载于《人民日报》2008年4月13日第8版,题为《版画收藏天地新》)

当代艺术

——一方金色池塘

一、大泡沫破了

美国的次贷危机导致了全球性的金融危机，多年来创造了无数经济神话的华尔街高手最终以自己的纤纤食指，捅破了空前巨大的泡沫。于是乎，那些由此衍生或者寄生其上、伴生其侧的大大小小的泡沫已然在"金色的池塘"里挤作一团，虽然有些依旧七彩纷呈，但是却岌岌可危。

2004年在世界艺术品市场异军突起的所谓"中国当代艺术"就是其中之一。

一般而言，一个艺术家、一件艺术品要进入市场大都有三部曲：画廊代理、展示，艺术博览会推广，拍卖会调剂、提升，最终其中的一部分进入博物馆，一部分为收藏家秘不示人，一般性作品则在人与人之间、机构与机构之间转让来转让去……以致破败不堪、自然消失。当然，能够完整演示三部曲的艺术家与艺术品是很少的，半途而废是司空见惯的。在世的艺术家有没有后续之力，过世的艺术家有没有永恒魅力，进入市场的艺术品要避免夭折，归根到底就在于其有没有充分的学术支持。这里所谓的学术支持，应当是有关人士深入的个案研究，应当是有关学术界比较肯定的或围绕之展开了比较充分争鸣的，应当是不同历史阶段中、不同文化背景下的相互印证。以之观察评估"中国当代艺术"，是难以作出准确结论的。历史最终如何评价"中国当代艺术"还是一个未知数，因为它作为一股艺术思潮、一种文化现象至今只有20余年的历史，且一直处在为圈外人看不懂、圈内人多不认同的境地。曾几何时，"中国当代艺术"一鹤冲天，其佼佼者身价达数千万人民币，堪与齐白石、徐悲鸿、傅抱石等近现代艺术巨匠比肩。问题是，画价可以比高低，历史评价与知名度、享誉度却是不可同日而语的。因此，我们不必凭空怀疑他们得到的拍卖"天价"，但可以怀疑他们能不能经得起美术史的检验，能不能经得起艺术品市场的反复淘洗。

至今，中国艺术品拍卖的最高纪录是明代大家仇英的《赤壁图》（图1），人民币7952万元；名列第二的是"中国当代艺术"中的曾梵志作品《面具系列 No.6》（图2），今年春天在香港佳士得拍卖会上以7536万港币成交。此事，大家都觉得有些意外。之所以如此，不完全在于仇英与曾梵志之间的学术落差有多大，还在于此举作为市场手段有些过于刚性。让人觉得，"中国当代艺术"的市场运作者或持有者急于出货。我们希望，关于"中国当代艺术"的一切市场现象都是自然而然的，只是中国古代艺术品如《赤壁图》般拥有的无比稀缺性、高不可及的历史知名度与学术地位，攀升至7000多万元人民币尚有疑问，因为在中外艺术品拍卖会上，中国古代艺术品要越过千万级标杆很难，而"中国当代艺术"

图1 仇英《赤壁图》

过千万元者却大有人在,且十分轻松。当然,我们可以依靠时间,看到这些千万元级拍卖品的未来,但是我们不能等到那时才有一个结论。其实,日本有例为证。约20年前,日本从西方以高价购买了一大批印象派艺术家的作品,其中有大家精品,也有大家小品,也有一般画家的一般作品。日本经济下滑后,大家精品如凡·高的

图2　曾梵志《面具系列 No.6》

作品依然观者如潮,身价高企;而那些一般画家的一般作品,虽然当时亦是身价百万元,却是半价出让亦无人接盘。印象派可是经过学术苛求的艺术流派,所以强弱悬殊,就在于那些一般画家与一般作品没有经过市场的充分转让,或者说日本收藏家与艺术品投资人当年有些贸然,向西方交了一笔不菲的学费。在西方与港台资本大手笔运作"中国当代艺术"的这两年里,我真担心内地初涉其间的企业家们已然充了大头。所以在纽约、香港的拍卖会上，我们不难听说"中国当代艺术"的投资者如何如何获取暴利，却从未听说哪位是"中国当代艺术"的收藏家。也就是说，"中国当代艺术"的收藏队伍不大且极不稳定。

缺乏充分的学术评估，缺乏充分的市场选择，缺乏充分的收藏队伍，因此我们有理由认定，"中国当代艺术"近几年的横空出世是华尔街资本高手们的杰作之一，我们更希望涉足其间的中国艺术品收藏者谨慎下注。要知道，艺术品收藏、艺术品投资光有钱是不够的，它还需要充分的学养、细致的分辨与精明的选择。要知道，衣物破了，可以缝补；泡沫破了，难寻踪迹。

二、当代艺术须调整

去年秋天，"中国当代艺术"在纽约艺术品拍卖中急转直下，所以苏富比拍卖公司今年将此项业务转移至香港，希望借大陆和台湾的近水楼台之势，力挽狂澜，至少也可以集烛光而为火炬。殊不知，今年春天还在香港热火朝天的"中国当代艺术"，到了时下"这个秋天"，也遭寒遇冷。因此，人们说，"中国当代艺术"进入了冰河期，或委婉地说其进入了调整期。

作为艺术品市场中的一个板块，"中国当代艺术"经过近20年的酝酿，通过提升而突进到一个崭新的平台，然后进入横盘或低位整理，这本是市场运行的普遍现象，不足为怪。只是因为"中国当代艺术"前两年的"提升"有些反常的超速，庄家手段有些过于凶狠，远远地超过了人们的承受力与想象力。所以当"中国当代艺术"在拍卖会上大量流标，许多人便有了"不幸果然言中"的快感，便高高兴兴地断言其步入了市场辅路，狭窄而且时不时地遇上红灯。这对于在学术上拼杀至今、市场中曾经无人问津的"中国当代艺术"来说，有些苛刻，却在情理之中。"中国当代艺术"自身的存在与发展都需要进入"冰河期"——冷静反思，需要进入"调整期"——补充能量。

20世纪二三十年代，自海外归来的中国艺术家们即有了与西方现代派艺术几乎同步的叛逆之举。30年前的中国改革开放事业启动，催生了形式上大多模仿西方、内涵上表达激越思想与愤懑情绪的"中国当代艺术"。这20余年来,其中的模仿成分越来越少,思想越来越平和,情绪越来越沉静,特别是市场行情越来越好,以至身价飙升。四顾茫然的"中国当代艺术家"们离市场越来越近,离学术却越来越远,离艺术也越来越远,离其出发点也越来越远。

当年,"中国当代艺术"虽然有时有些偏激,甚至个别的还有较大偏差,但艺术家们对"文化大革命"极左思潮的反击,对于因循守旧的传统思想堡垒的冲击,对于复杂社会现象与未知世界提供的独特视角,以及个人情怀、情绪的直接表现等是有冲击力与震撼力的,是有令人耳目一新之处的,也可以说是当代社会思想发展不容忽略的组成部分。但是到如今,当初那股初生牛犊不怕虎的劲儿哪儿去了呢?!当初那么尖锐的文化批判力哪儿去了呢?!几位被称为"天王"级别的艺术家多年满足于自己重复自己的状态,在"光头""大牙""色斑""面具""喊口号"等耀眼的个性符号下,有些苍白,有些空泛,有些疲软,甚至有些媚态。他们的成功又被后续的其他艺术家们总结为"寻找符号—强化符号—重复符号"的艺术↔商业模式，由此而出现的中小名头大都是"各领风骚三五天"。近几日，在北京宋庄艺术节上，人们对"艺术集市"中大行其道的模仿之风颇有微词。重复自己、重复别人是艺术创作的大忌，因为市场行情大好，"中国当代艺术"这几年可以说是无所顾忌。到如今，市场开始冷清，藏家开始谨慎，"中国当代艺术家"们理应开始反躬自省，理应迈步向前了。

"中国当代艺术"因为在西方走红而外转内销，因此，它们曾经被一些人指责为"洋奴艺术"。这是一个比较复杂的问题，不好这样简单下结论。自20世纪以来，叛逆传统甚至远离传统是西方艺术的主流，艺术市场、艺术投资虽然有别出心裁的时候，但在多数情况下是顺流而下、顺势而为，所以当西方现代艺术被轮番运作、几无新意、机会不多之后，西方艺术机构便把目光投向外部世界，先是俄罗斯，继而是东欧各国，然后便是中国大陆……"中国当代艺术"的叛逆性正中下怀，双方不谋而合，一拍即合，遂成气候。由此也产生了一定的负面影响，这就是一些后续的年轻艺术家过多地把眼光投向西方艺术品市场，甚至唯西方艺术品经纪人是从。在他们的作品中，"中国当代艺术"初始阶段的文化批判性无迹可寻，中国改革开放、民族复兴的伟大事业表现甚少，中国人含蓄而又坦荡、机智而又坚强的胸襟与操守表现甚少，而对历史遗存的问题、前进中出现的困难、取舍间产生的错误，一些艺术家却是不分青红皂白，嬉笑怒骂，大打出手，逞一时英雄，图片刻痛快，得蝇头小利而失大节。因而，"中国当代艺术"更多的则是鸡毛蒜皮、家长里短的市井生活写照，或者是不能公之于众的私人生活空间展示，甚至还有变态、猥琐、无耻的心理与偏执、阴暗心绪的显露坦陈，因为无知而自诩创新，因为无聊而终日絮絮叨叨……

无论是抬头看天，还是埋头种地，"中国当代艺术"都应当调整。

三、如何调整是关键

说"中国当代艺术"进入调整期是轻松的，因为有陡降的市场行情为依据。但是说到如何调整，又有些沉重，不能不从有关的方面，如理论、市场和艺术家主体诸方面探求。

所谓"中国当代艺术"不是中国当代的艺术，而是一种特指，这就是理论家所总结的"玩世写实主义"。一般而言，这类作品有两个特质，一是形式上的变形与夸张，而其内在是写实的，或者说，艺术家以玩世不恭的方式进行着对现实的批判性描述。我认为，这个艺术流派印证并展示了当代文化思潮中的重要一翼，也可以说它是当代造型艺术中最有活力、最有内涵、最值得研究的一部分。但是它恰巧缺乏研究。近几年，中国美术理论界出了一批艺术策展人，他们中的多数是从策划"中国当代艺术"展览起步的，但是策展之后，他们却有如熊瞎子掰棒子，掰一棒扔一棒，撇下一批艺术家，寻找另外一批艺术家。所以新人辈出是"中国当代艺术"充满活力的所在，其副作用则是那些中国当代艺术现象没有得到理论的聚焦，没有得到应有的批评。个案研究与阶段性总结的缺乏使"中国当代艺术"的学术定位有了一个开头,却只是有了一个开头。自然,这不利于中国当代艺术的长足发展。前些年,外国艺术资本在全世界寻求新的热点时,发现了"中国当代艺术",于是与港台艺术资本联手,力推"中国当代艺术"。当然,市场不是学术,不可能阳光普照,所以就有了所谓"中国当代艺术的F4"(图3),以及这两年不断突破的拍卖天价。当这种让人咋舌的行情如过山车般陡升陡降时,人们对于"中国当代艺术"或幸灾乐祸,或指责有加。实际上,对于"中国当代艺术"的当初为人诟病、现在为人嘲笑,中国美术理论界也是难逃干系的,特别是那些艺术策展人。他们没有把艺术展览的策划当作是与艺术家的互动,而仅仅是其自我学术体系的展现,或者是对于展览资助者的回报。

听说,行情好了之后订单不少,当红的"中国当代艺术家"们大都有了助手。助手画了多少,自己画了多少,虽然只有天知道,但作品中的思想深刻与否、情感真切与否、情绪通畅与否、语言由衷与否,外人是可以感觉得到、把握得到的。常言道:"愤怒出诗人。"

图 3　当代艺术 F4 作品之标志

这"愤怒"可以是关于历史的反省，也可以是关于社会的观察；可以是真理的揭示，也可以是遐思的展现；可以是积怨的宣泄，也可以是对时弊的针砭；可以是人生的失意，也可以是世道的炎凉……但是如果是要"出诗人"，即产生优秀的艺术品，就有三个条件，也即微言、大义、真诚，缺一不可。近几年的中国当代艺术，特别是那几位当红"F"的作品，精致自不待言，大义则了无痕迹了，或者说他们曾经具有的大义——对于极左思潮的反讽已经毫无新鲜感了，而真诚二字的缺失则是他们急转直下，也可能沉疴难起的所在。请来的助手肯定是听话的，他可以再现你的符号、模仿你的风格，甚至可以追随你的思路，但是他不能传达你的情感，或者说主创者与助手间的情感没有通道。古今许多艺术大师都说，创作就是投入战斗，而且是肉搏血刃。一个艺术家想象自己能运筹帷幄之中、决胜千里之外，大将军似的，似乎有些可笑。他们的作品也许依旧是精心描绘的，甚至比从前的作品精致了不少。这种俗话说的"牛屎外面光"一类的作品对于艺术家与观赏者来说都是极其有害的。美术史的常识告诉我们，粗制滥造的作品是垃圾，会轻易地为人所弃，而精致之作则是毒物，在明眼人处有如鸡肋，弃之可惜，在门外汉处就可能是宝贝，所有者会秘不示人，或者津津乐道。如此，一个艺术家应当追求的是给人美感或启示，这绝不仅仅是一句空话！

当然，既然是市场，就不仅仅是艺术家的事，甚至可以说主要不是艺术家的事。当中国当代艺术屡创天价时，有记者采访当事艺术家，得到的答复几乎是惊人的一致："这件作品当初我是以很低的价格卖的，你应该去问现在出卖作品的人。"可是，在中国当代艺术的市场领域，只有个别人士大谈自己如何以低价论堆收购的情况，而几乎无人在"天价"收藏后谈感想。如果"天价"成交真的是境外机构的市场谋略，倒真是值得庆幸的事。否则，中国收藏界人士在中国当代艺术市场运行方面的设想与方法更需要调整。不过，说到底，中国当代艺术市场行情当初的一鹤冲天、近来的风声鹤唳还是得归因于其学术性与生命力，还是得指望艺术家努力。

要葆有生命力,要获取学术性,艺术家就是要读书、要思考、要忠诚。这是老生常谈,可又不能不谈,谁让曾经生机勃勃的中国当代艺术风光不几日便落入了窠臼呢?

(上述三文分别刊载于《人民日报》2008年10—11月间,讨论同一个问题,即中国当代艺术的市场形态,此处故集之)

君问归期未有期

——关于海外文物回流的考察

中华人民共和国成立初期的爱国热情引导着人们把祖传的文物捐献给国家。之后的压顶乌云又使得一些文物不是被私自销毁，就是被抄没。是故，文物几乎与中国普通家庭无缘。

因此，当20世纪90年代初开启文物与艺术品市场至今，海外文物的回流便成为了主旋律。这如同凯旋曲一般的旋律曾经让我们欢欣鼓舞。至今天，却有些缺乏变化，且让人从中找到一些异样的感觉，不得不静下心来细细想想。

俗话说,外来的和尚会念经。其实,是和尚皆会念经,所以,对于外来的和尚,咱们既要看他是不是真和尚,还得看他念的什么经。对于海外回流的文物,应当有一个如此的甄别程序。

外来的和尚是啥和尚?

海外回流的文物有两个时间刻度,一个是文物生产的时间,一个是文物出境的时间。从前者计,海外中国文物有史前古生物化石,有史前人类文化遗存,有中华民族数千年历史遗存的物品、用品、工艺品、艺术品等。从后者计,大概可以追溯到汉唐。在那些历史鼎盛时期,可谓万商云集,万国来朝,万物流通,其中自然包括汉唐以前的文物、当朝的工艺品与艺术品。此后,随着成吉思汗带领的蒙古大军南征北战,中国元代的日用品、工艺品与艺术品流向四方。这些年,在收藏界掀起轩然大波的元青花瓷器高调出场,使得丝绸之路的一些国家和英国戴维德基金会所藏那些硕大的元代青花瓷器傲视群雄,也使得内蒙古、福建等地的人们以当地出土的

女史箴图（局部）。大英博物馆收藏的东晋顾恺之《女史箴图》的唐代摹本乃当今存世最早的中国绢画，也是目前尚能见到的中国最早的专业画家作品之一，在中国美术史上具有里程碑式的意义。大英博物馆是收藏中国流失文物最多的博物馆之一，其收藏中国文物的历史可追溯到1753年建馆时，目前收藏的中国文物多达23000件，长期陈列的约有2000件。因此，英、法等传统大国大多没有在相关保护文物的国际公约上签字

元代青花瓷器为云梯，构筑一夜暴富的梦想。明代以郑和下西洋为代表的海上丝绸之路，开拓了中外贸易的新大道，中华帝国的物产与艺术成就了许多国家的真实梦境。那些从海底打捞上来的沉船及其物件、货物，让见

多识广的今人浮想连翩。到了清代康乾盛世，不仅工艺惊世、时有创造，中外交流也是十分频繁，欧洲的自鸣钟敲响在大清帝国的后宫深宅里，景德镇的粉彩天球瓶坐卧在欧洲王室的宝座之侧。清代末年，撞开紧闭关口的坚船带回去的，自然是中华民族历朝历代创造的瑰宝。从古到今，这外来的"和尚"有边民，有商人，有传道的教士，有求知的学人，有外交使团的工作人员，还有伶牙俐齿的骗子、杀人越货的强盗、打着文明幌子的侵略者等。如今，这些人都灰飞烟灭了，他们曾经经手的那些中华文物也大都数易其手，多数集中在国际古董商手中，至少是经过国际古董商的手而回流的。因此，我们有必要对国际古董商有所认识，认识他们在海外中华文物回流中的所作所为，从而确定我们的政策与策略。据不完全统计，文物收藏量在10000单位以上的古董商在全球有3000人左右，正是这些不同国家的重量级古董商在全球控制并推动着一个复杂而紧密的文物交易网络。这些年来，这些各有所长、各有所图的古董商们在对待中华文物时却是惊人的一致，即进入市场的中国文物与艺术品都是为中国人准备的，不管原来为何人所有、现在为何人所得，未来，都会以天价转让给中国人，尤其是中国大陆的人士与机构。从这些年境外举行的中华文物拍卖中，我们完全可以嗅到这种博弈的气息。

外来的和尚念的啥经？

毫无疑问，这些外来的和尚念的都是生意经，一言以蔽之曰：赚钱！

面对这些和尚的生意经，我们应当保持一份清醒，斗智不斗富。从这些年回流的海外文物看，文物大约是从这些通道出境的：历朝历代的中外贸易、世界各国的来样定货、政府机构的往来礼品、来华人士归去所携纪念品、人口迁徙产生的文物与艺术品移动、政府允许或没有明令禁止销售的历代文物、中外宵小合作的走私文物与艺术品、以文明方式甚至是慈善方式骗取的文物与艺术品、以其他各种方式盗取的文物与艺术品、入侵者作为战利品的文物与艺术品等十类。如此看来，前六种方式出境的文物与艺术品是合法的,其收藏者理应得到中华民族的尊敬。是这些善良而又智慧的人们为中华民族保存了一份凝固的血脉,为人类文明保存了一份异样的神灵。对于后四种方式出境的文物与艺术品,无论何时,无论何人,都应当认清这个事实,如果我们花钱买了这些文物与艺术品,不仅有为虎作伥之嫌,而且让自己的投入失去法律的保障与道德的支持。同时,我们还应当算一笔账,据有关机构统计,在世界各国博物馆中,存留有167万余件中华文物与艺术品。因为各国博物馆的体制不同,其中的相当部分是可以进入市场的,所以中国再高速发展,中国人再怎么有钱,都不可能把流失在海外的文物与艺术品都通过市场的方式,尤其是拍卖的方式买回来。这几年,从日本回流了一些比较重要的文物与艺术品,大都成为了中国文物与艺术品市场的标志性物品,但它们大都以天价方式出现。照此推理,我们还真没有这个实力完成我们自己的宏愿——让海外"游子"回归故土。当我们的爱国热情为海外商人识为加价筹码时,我们委实需要在热情之余加一份理智:

不能让我们的一腔热情被人轻易地兑换成一本万利。面对这些和尚的生意经，我们应当保持一份矜持，斗智不斗气。我们没有那么多钱可以一而再再而三地交学费，我们也没有那么多钱可以交给国际古董商导演他们谋划的连台好戏，我们也没有那么多钱可以把那些我们的博物馆里并不缺乏甚至有些富余的文物都买回来堆在仓库里。要知道，我们的仓库里还有不少东西等着国家拨款、民间资助来整理、修复、研究、展览和出版。其实，我们的许多文物与艺术品在国外博物馆里并没有受到多少委屈，凡属中华民族经典性的东西都被待为上宾，而在仓库里坐冷板凳的，除极少数是因为展览需求不大而闲置外，绝大多数文物与艺术品本身的品质本属一般，即使荣归故里，也会被打入冷宫。因此，我们没有必要意气用事，而要以有理有利有力的方式，既保持我们的尊严，又体现出应有的睿智。我们可以改变一下思路，当国际古董商利用我们澎湃的爱国热情而肆意抬高中华文物与艺术品的市场价位时，我们可以避其锋芒，一方面，我们可以集中资金，或者引导民间资金，以多种方式收购流失海外的那些文物重器和有影响艺术家的代表作；另一方面，我们还可以利用国际通用的方式，来收藏世界各国有代表性的文物与艺术品。中华民族的宏伟大厦一定要建立在自己的浑厚历史基础上，也一定要建立在人类的广阔人文环境中。由此，我们关于海外文物与艺术品回流的思路是不是要开阔一些、清晰一些、主动一些、硬朗一些，套用古诗而谓：君问归期未有期，神州有雨涨天池；何妨共剪西窗烛，自幸人间共吉时。

（《人民日报》2010年6月27日第7版）

时刻准备着

今年,在中国文物与艺术品市场,常常听到人们感慨:看不懂!

普通爱好者看不懂,因为前些年,他们可以通过节衣缩食参与其事;如今,他们中的大多数只有旁观的份了。和田玉、明清官窑、近现代字画价格升幅成百上千,对于一般工薪阶层,中国文物与艺术品价格似乎贵得有些离谱了。

古董商人与艺术品经纪人看不懂,因为多年以来,他们在这个市场中低价进高价出、那边进这边出、前年进今年出,闪转腾挪,如鱼得水;如今,他们依然四处奔波,满世界踅摸,却常常空手而归,常有力不从心、捉襟见肘的感觉,因为成本远比从前高昂。

甚至，造就中国文物与艺术品目前这种炎炎之势的一些拍卖公司老总们也说看不懂，一些他们看好的东西动静不大，而不为他们重视且不时面市、表现平平的一些东西却突然为人热捧，这冷热的转换实在有些过于迅速了。

曾经作为这个市场主体的人们已经被边缘化了，曾经作为这个市场行情的主线被调整了，曾经作为这个市场主导的人们有些迟疑了……这样，我们可不可以说，人们看不懂的不是行情，其实是这行情变化的依据。

收藏的重要依据是对象的稀缺性，对于我们庞大的十几亿人口及更为庞大的收藏缺口，现存的中国文物，特别是那些历史价值、艺术水准兼备的物件自然是处在众目睽睽之下，十分耀眼。因为战争、内乱与愚昧，我们曾经屡遭抢夺，我们曾经暴殄天物，我们曾经家徒四壁，当中华民族千百年的收藏传统被春风唤醒，其巨大的吞吐力自然会超乎寻常。如是，那些附载着历史文化信息的古董必然成为人们志在必得之物了。

中华人民共和国成立60多年，改革开放30多年，中国人民创造并积累了巨大的财富，当这些财富越过衣、食、住、行这些眼前的樊篱时，自然会有一部分转化为文化追求，转化为家学积累，转化为文物与艺术品的收藏，转化为一波又一波攀升且后劲十足的行情。有人说，哪怕是在北极举行拍卖会，中国文物与艺术品也会拍出个天价来。其言下之意是，中国文物与艺术品价格的不时飙升是一个不可逆转的事实。

更为重要的是，中国文物与艺术品的价格增加幅度是与整个国力成正比的。中国经济的长期向好不变不仅给国人以自豪感与自信心，也给了一些外国商人以启示，所以，他们提前布局，暗捉商机，下大本钱买重器，然后，他们在一个不甚遥远的高坡上，微笑地等待着好像是饥肠辘辘的中国收藏家们。这不禁让人想起那些往事：许多年前，在美国，一张明代大画家唐伯虎的作品叫价七八千美元，和普通人家用的一辆小汽车价格相当。许多年前，在香港，从广州运去一船工艺品，不是按件卖，而是装在小竹篓里，一篓十几块钱，和时鲜蔬菜的价格差不多。许多年前，在日本，我们的代表团馈赠的是文玩字画，得到的回赠却是家用电器，甚或筷子、手绢等。于是，我们既要有身当盛世的幸运感，更要感佩外国商人的睿智、魄力与多年按捺内心变现冲动的定力。

看不懂这市场，把不住这行情，其实说到底，是对这市场的巨大变化缺乏应有的心理准备、学术准备与资金准备。这种理论上的失语、操作上的乏力、管理上的缺席岂止是收藏爱好者、古董商人与拍卖机构的错？相对于中外古董艺术品依然有些悬殊的差价，相对于中国人依然薄弱的家庭文化积累，相对于流失海外的那些数以千万计的中华文物，中国文物与艺术品市场的未来空间依然不可限量，我们岂能以"看不懂"而翩然离去，我们要时刻准备着。

（《人民日报》2010年12月10日第19版）

苍天可畏

小时候，只读过一年私塾的父母教育我，不能做坏事，否则，会遭雷劈的！

从此，我怕雷声，怕闪电，甚至怕下大雨。后来知道了党纪国法制度，还是觉得天谴更厉害，因为它无处不在，说来就来。

天谴威力如此之大，我以为，就在于它来自我们的内心——内心的畏惧。

在谈到最近故宫的一级文物被毁时，在谈到如何处理相关责任人时，在谈到故宫如何加强制度建设、如何强化制度落实、如何提高人员素质与责任心时，在谈到文物保护的任重道远时，我想起双亲给的简单且有效的家教，愿意与故宫的上上下下共勉：对于中华文物，我们既然要承担保护之责,就得有热爱之情,更要有敬畏之心。

我们有五千余年文明史,但是因为反反复复的战争与以木结构为主体的建筑特点,历朝历代的遗存莫过于故宫。故其在自编的大型画册《故宫博物院》中自豪地说"紫禁城是世界上现存规模最大、保存最完整的古代宫殿群",又说"紫禁城是明清两代的皇宫,宫廷收藏无可比拟"。别的不论,说故宫"规模最大"首先意味着为了建设它,曾经耗费了当时"最大"的人力、物力与财力;说故宫"保存最完整"则意味着又在上述巨大开销之上增加了"最大"的时间成本,因此,无论是建筑,还是收藏,故宫的一切都应当有如苍天般崇高的地位,不爱惜之,就是对劳动的不敬,就是对技术的不敬,就是对艺术的不敬,就是对文化的不敬,就是对悠悠岁月的不敬,就是对无数你我他先人的不敬,就是对天地万物生灵神圣的不敬。而且还是对未来的不敬。如此为前人在天之灵审视、为后人无尽之力追索的事,有谁敢大意?!当年,在日寇兵临城下之际,故宫人组织了"惊天地，泣鬼神"的文物大南迁，路途何其迢迢，情形何其险恶，几千箱文物无一受损，没有刻骨铭心的敬与无微不至的爱是不可能做到的。如今的条件是空前的优越，岂有文物平白被毁之理？！

我相信，故宫人的自豪感是充分的，即使在遭遇了这许多"门"之后的今天，也是如此。从其有关负责人的几次"临门一脚"——那些介绍、解释、分辩，甚至道歉中，可以感觉到那种骨子里的优越感；这被人指责为一种令人不快的傲慢，但我依然愿意理解成是一种文物保护者的神圣。只是，这种不可侵犯的感觉到了工作当中，不知道能不能很快地转化为一种五体投地的谦卑，能不能表现为一种对于千古文明的敬畏。从兹要求，故宫相关的那些制度、规定、方案等，虽然是"内部规定"，外人无从知晓，但我依然觉得大多有修改的必要。当北京的记者就北京故宫文物被毁之事采访台北"故宫博物院"有关专家时，我们知道了台北"故宫博物院"相关的规定，也可以立判两院在管理方面的差距，更重要的是从台北"故宫博物院"的制度与从业者的言谈中，感觉到了文物的神圣凛然与接触者的小心翼翼。因此，北京故宫博物院首先应当修改的，不是那些条条框框，而是其出发点——一定要把故宫的一切视为神圣。改用前人的"举头三尺有神明"而为"触手之处即神明"。有了这个出发点，任何文物就不会在一次简单的操作中毁于一旦，一个瘦小的小毛贼就不敢在城池森严的故宫如履平地，故宫的部门负责人就不会犯低级的文字错误且强词夺理，故宫的领导们就不会在那儿步步为营、四处"堵枪眼"，广大民众就不会还在那儿为故宫的某处不见天日而担惊受怕，为某些人的虚与委蛇而愤愤不平……

有人说得好，故宫不是故宫人的故宫。我想进一步说，故宫也不是北京人的故宫，也不是中国人的故宫，也不是我们当代人的故宫。但是出入故宫的除了匆匆游客就是故宫的工作人员了。因此，我们只能苛求于他们，并由此推而广之地苛求于全国的文物工作者。也希望各级政府为这种常人难以忍受的苛求而努力解决文物工作者的后顾之忧。

许多年来，我们动用了现实的力量，在不时地高喊，在不断地落实："要提高全社会的文物保护意识，要提高文物工作者的素质，要提高文物保护的效率……"但是，文物保护的形势依然十分严峻，所以，我们有必要调动"天地神明"的力量，调动雷霆万钧之力。

故宫和各地文物保护单位一定有避雷针，但是如果滚滚雷声不是来自天际，而是来自每个故宫人与文物工作者的内心，也就是说，要让每一位故宫人与文物工作者内心的良知与良心都归于文物保护，我想，其威力会不亚于党纪、国法、院规的，至少它会是这一切的最有力最全面的补充，因此而使不可再生的文物万无一失。

（《人民日报》2011年8月14日第8版）

百年文物流散祭

辛亥革命的枪炮声宣告了大清帝国的覆灭,大殿倾倒,龙袍褪下,硝烟四起,内乱频仍……百年世事多动荡,千古华光几流散。

夕阳残照紫禁城

清朝灭亡后,民国政府允许年仅 6 岁的溥仪等清朝皇室"暂居宫禁",并择机"移居颐和园"。溥仪身后的摄政王诸大臣一边让儿皇帝过着一如既往的生活,养尊处优,挥霍无度;一边殚精竭虑,蠢蠢欲动,密谋复辟。而民国政府内外交困,入不敷出,连年拖欠原来允诺提供的经费,"小朝廷"坐吃山空。同时,除了幼稚的逊帝,"小朝廷"上下均知大势已去,江河尽泄,来日不多了。

所以无论是为复辟计,还是为眼前与未来的生活计,"小朝廷"上下从变卖兑换身边的金银器开始,把黑手伸向了历代宝藏。

开始盗运文物的是太监们。待到"小朝廷"想到把宫中的宝贝重新登记造册时,恐怕劣迹败露的太监便先在建福宫,继而在无逸斋纵火,四处残片,几堆灰烬,地上淌着金银器化成的金水银汤……把太监悉数裁减了,又有护军动手。最后,溥仪想到了自己动手。从此,溥仪以赏赐的名义,将文物交由溥杰、溥佳等皇亲国戚,偷带出宫。在一份"宣统八年"(1916)十一月十四日的赏单上,开列了由溥仪赏给帝师陈宝琛及多位近臣的书画,其中有唐代阎立本手卷《孔子弟子像》、北宋米芾的真迹手卷一件、南宋赵伯驹手卷《玉洞群仙图》、清初王时敏山水手卷一件。

1924年被赶出宫的溥仪等人到了天津"清室驻津办事处"张园,虽然已穷途末路,依然想重登宝座。没有收入来源的张园,每日说客盈门、谋士高论,只好以文物"赏赐""忠良"。小器物赏赐完了,便把大型

图1　1964年的一个清晨,一男青年抱着一布包"破烂"到了北京荣宝斋,其中就有北宋政治家、书法家米芾的这件《苕溪诗卷》(局部),开价1500元人民币,最终以1400元成交。这件作品当年由溥仪带往东北,流落民间,现由故宫博物院收藏

器物或重要文物抵押给外国银行、富商巨贾。1931年九一八事变后，溥仪当起了日本人的儿皇帝，偷运到长春伪皇宫的文物被安置在"小白楼"里。伪"满洲国"垮台前夕，看守护军开始哄抢，文物一时流散，世称"东北货"。中华人民共和国成立后，"东北货"或交或收。但是那些被"皇上"恩赐的、被臣子求索的、被太监偷盗的、被护军私拿的……更有为"皇上""委托"夹带出宫的历代文物更多地遗散各地，孤魂四野，紫禁城的黄昏，永远的夕阳残照，令人感伤。

一部中华民国的历史，可以四个字来概括，那就是"支离破碎"。中华民国的文物界就像一个烂摊子，也可以用"支离破碎"这四个字来概括。军阀以之作军饷，政客以之作说资，土匪以之作横财，地痞以之当营生，奸商以之当奇货，洋人以之当异物，外寇以之当战利品。

1928年7月3日，地痞出身的军阀孙殿英命手下一个团进驻河北遵化马兰峪的清东陵，谎称进行军事演习，驱散守陵人员，切断来往道路，于当日深夜，炸开了乾隆皇帝和慈禧太后的陵寝，盗取了随葬的大量宝藏。不久即败露，轰动全国，为人不齿，多方声讨。孙殿英把从乾隆墓里盗取的一柄九龙宝剑、一颗慈禧太后口含的夜明珠等宝物分别送给了上层高官，此事便不了了之。

如果说，孙殿英这个东陵大盗上演的是一出有关中华文物悲剧的话，由故宫博物院工作人员主演的万里国宝大迁徙则是一部有关中华文物的正剧，慷慨悲壮，荡气回肠。1931年日本侵略军侵占东北后，为了避免第二次"火烧圆明园"文物大劫难，国民政府制定了宏大的文物南迁计划。自1933年2月到5月，南迁文物分5批总计13400多箱被运抵上海，1936年南京朝天宫库房建成后，又陆续运抵南京。未几，抗日战争全面爆发，这批文物又奉命西迁，自1937年8月至1939年9月，文物分南、中、北三路，水陆兼程，辗转万里，抵达后方。

故宫的重要文物虽然得到了较好的看管，流散宫外的文物，特别是那些本来收藏于民间的文物、安置在野外的文物、随葬于地下的文物却是命途多舛。北京有琉璃厂一条街，上海有一个收藏鉴赏圈，此外有外交使节、外国银行、外国商社、外国占领军等，他们有金钱，有特权，有渠道，有工具；他们四通八达，上下勾连，买卖文物，自由出境。

中华民国不仅创造了中华文物流失的最高纪录，还承接清末而成为了中国历史文物造伪的一个新的高峰期。

沧海横流六十年

中华人民共和国的成立结束了中华民族的动荡不安，但历史的积贫积弱与领导思想的忽左忽右，致使其在最初几年的欢快起步后，便开始步履蹒跚，甚至有时跟跟跄跄。

为了工业的发展，为了百姓的生计，"出口创汇"曾经是经济界一个响彻云霄的口号。

为此，一些不甚重要或存世量较大的文物归于各地文物商店，外国人和华侨可以自由购买，随意携带出境。

为此，许多工艺美术品，包括工艺精品都归于各地友谊商店，外国人和华侨可以自由购买，随意携带出境。

为此，各大城市的美术公司担负起一项重要任务——组织当地美术工作者，仿造前人的书画作品，以

"你知我知"的价格与方式卖到中国香港与日本。

近些年,从日本回流的大量文物中,有相当一部分艺术品就是20世纪五六十年代各地美术公司组织制作的外贸产品,其中有唐伯虎、文徵明、王铎、杨守敬、吴昌硕、任伯年等日本人喜欢的书画家作品。

到如今,当年那些外贸货大量地以文物的身份从各种渠道回流,博取了不明就里人士的大量真金白银——自己人种下的苦果又让自己人吞服了;那些以低廉价格出售的工艺美术方面的精品有相当一部分无从寻找、无从回流,中国工艺美术史因此而不无缺憾。

"文化大革命"中,红卫兵的造反运动席卷了全国,唯独没有殃及故宫,各地的博物馆也大多援引故宫方式,闭馆不开。全国馆藏文物由此而躲过一次大劫难。但是对于文物的损毁破坏程度,却没有超过"十年浩劫"的,因为它是"文化人革文化的命"!

"文化大革命"伊始,红卫兵便宣布一切文物为"四旧",均在破坏之列。"文化大革命"伊始,红卫兵便宣布一切艺术品为"封、资、修",均在扫荡之列。"文化大革命"伊始,

图2 张仃《向日葵》。20世纪60年代，时任中央工艺美术学院常务副院长的张仃创作了一批色泽斑斓、构图饱满的装饰性绘画，在当时当为异数。"文化大革命"时，他创作的装饰画被说成是对社会主义的恶毒攻击，这幅《向日葵》图中的陶罐是装骨灰的。后来，张仃让代其保存的朋友"销毁"了200多件装饰画。仅存的十来件装饰作品还是"文化大革命"结束后，从中央工艺美术学院的地下室找到的，有些作品上面还残留着红卫兵打的黑"××"

红卫兵便宣布所有艺术家为资产阶级，均在打倒之列。

所有的文物商店关门。所有的友谊商店关门。

"文化大革命"的深入就在于它是一场触及人的灵魂的革命，所以除了运动初期的"破四旧、立四新"等外科手术式的销毁外，毁灭性的破坏还来自人们因为惧怕而对家藏文物与艺术品的悄然自毁，其量不可胜数，其恨不可消解。

而比之文物被毁不相上下的罪责，是"文化大革命"中，文化人被"革了命"，书不能读，字不能写，画不能抹，一切思想与创作处于停顿、休克、死寂状态。一个国家、56个民族、近10亿人口被凝固在一个没有生命力的空间里。

20世纪80年代中期中国大陆兴起的画廊与90年代前期开始的拍卖，都是应运而生的，虽然起步艰难。

国门甫启，游人如织，来自异国他乡的人们看到了中华瑰丽山河，品尝了中华美味佳肴，还想带点纪念品回去。于是，各地有了旅游商店。书画艺术家们应接不暇了，便有了业余作者的一哄而上，桂林画贩子、商品画等，把中国书画艺术拖进了市场，也拖进了泥淖之地，好些年是泥沙俱下，鱼龙混杂，没有了头绪。

文物虽然早就在文物商店里打着火漆出售，但在拍卖会上出让有着十足的号召力，因为价格、金钱具备放大效应。在收藏领域，什么东西好卖，什么东西卖得价高，便有人去仿制，更有人到古墓里找。近10余年来发生在全国各地的10万余起盗挖古墓案、20余万座被毁古墓警示我们：我们的祖坟所剩无几了！

中国文物走私的第一目的地不是中国大陆的拍卖会，而是中国的港、澳、台及海外的古董店与拍卖会。所以如何根据现有的国际公约来处理我们与海外文物经营机构的关系，如何根据国家实力的增长来修正不尽合理的国际公约，如何进一步严厉打击盗墓与文物走私等不法行为，如何防止走私文物通过拍卖会等正常渠道来获得合法身份……这些都需要我们在法律、制度、机构、资金、学术、技术诸方面下功夫、想办法。

从国家文物局的网站上我们得知：近年来，我们成功追索走私到英国的中国文物3000多件，追回流失海外14年的北朝石刻菩萨造像；流失到丹麦的156件中国文物也得以返还。此外，发挥国家重点珍贵文物征集专项经费的带动作用，多渠道开展流失海外文物征集工作取得进展，自2002年以来，先后从海外成功征集了包括北宋米芾《研山铭》、商代重器子龙鼎等在内的6万余件(套)珍贵文物。但是和我们流失在海外的文物相比，这几万件文物只是凤毛麟角。据中国文物学会不完全统计，从1840年鸦片战争以来，因战争、贸易与不正当贸易等原因，超过1000万件中国文物流失海外，但是这只是一个概数。这些文物因何流失、是否交易、现藏何处等情况，我们所知不详。因此，我们有必要综合文物、外交、民间团体诸方面力量，建立专门机构，抓紧开展工作。

回首百年，我们悲伤于祖先惨遭践踏。回首百年，我们欣喜于自己恭逢盛世。

这悲喜交加应当化作清风明月，在山林田野间守护我们祖先的坟茔。这悲喜交加应当化作青灯黄卷，在书斋案头上承续我们祖先的文脉。

(《人民日报》2011年10月9日第8版)

尤伦斯抛售中国当代艺术考

其实，尤伦斯先生抛售所藏中国当代艺术作品是无须考证的，在香港与北京两家大拍卖公司举行的拍卖会图录中，都有关于他及其收藏中国当代艺术作品的详细介绍。但是他的这个抛售动作在令人惊讶、引来中国艺术界与中国艺术品市场不小反响之后，我们理应有进一步的平心静气的讨论。

据说，为了建设北京尤伦斯艺术中心，尤伦斯出让了所藏英国杰出风景画家特纳的几件水彩画。又据说，尤伦斯抛售中国当代艺术作品，是为了保证北京尤伦斯艺术中心的运营及其收藏的推进。作为北京798艺术区的一家画廊，北京尤伦斯艺术中心虽然较之那些旧工厂车间稍事改造的画廊而言有些堂皇，但值不值得尤伦斯这样"大动干戈"是值得考虑的，因为尤伦斯作为中国当代艺术全球最大的收藏家之一曾经是不容置疑的。不过，尤伦斯没有取之不竭的金钱，他的收藏是需要前进的，他的商业投资是需要展开的，以旧换新、低进高出自然是题中之义。

尤伦斯正常的商业行为之所以有如此大的社会动静，就在于其抛售中国当代艺术的高调：在大拍卖公司的季节大拍中举行、以拍卖专场形式出现、成交价以亿元人民币计……这一切既可以说是尤伦斯的收藏出让本身的效应，也可以说是拍卖公司的操作放大了这些拍卖的效应，甚至我们可以说，尤伦斯无论以何种方式出让他的中国当代艺术收藏，只要他以自己的名义宣传或著录都会有人瞠目结舌的，毕竟他手中的中国当代艺术藏品其名甚大、其数甚夥、其价甚高。可是，其货不是奇货，最起码多数不是奇货，似乎不可居。之所以"不可居"，就在于他收藏的中国当代艺术，在价格上已经到了波动不大的区间，没有了想象力；在国际艺术品收藏界已经不是新锐力量，没有了冲击力；在艺术上多数缺乏后劲，没有了号召力；在学术界多数没有得到认真讨论，难说有持久力。最终，从投资的成本考虑，也是捂不如放。

有报道称，尤伦斯把目光投向了印度的"当代艺术"。对于印度的情况笔者不甚了解，对于尤伦斯的印度当代艺术之旅难以插嘴。不过，在尤伦斯之后，还有不少国际性艺术机构关注中国当代艺术。在香港尤伦斯中国当代艺术藏品拍卖现场竞投的多数是外籍人士与机构，中国内地的机构与人士对于中国当代艺术的收藏应当说还在起步阶段。虽然说尤伦斯等第一拨收藏家兼炒家在中国当代艺术经营上已经赚得钵满盆满，但这并不意味着后来者只有喝汤的份儿。要知道中国当代艺术并不是固定的，不是仅有那些个艺术家，不是仅有那些个年份，也不是仅有那些个说头。窃以为，中国当代艺术虽然有别于学院派艺术，也有别于画院派艺术，但在中国，有数千年文明历史，有十几亿庞大人口，有比较强大的经济实力，有不断提升且个性渐殊的文化消费需求，更有人民群众的精神追求与现实诉求的日益开放与体现，中国当代艺术——这个以年轻人为主体的艺术是一条有些壮阔的、流淌不已的河，我们没有理由，也没有可能来低估其实力、限制其活力、无视其虽然有可能稚嫩但一定蓬蓬勃勃向上向前的生命力。

无论从商业投入的技巧计，或是从艺术收藏的体系计，还是从艺术创作与艺术研究的成果计，尤伦斯都有理由抛售手中的中国当代艺术作品。我们的机构与人士没有东西可以抛售，便没有理由对他人横加指责，也不必为之心惊胆战，但在未来的日子里，我们却有无数的理由为自己曾经的偏执(思想的)、曾经的鲁莽(学术的)、曾经的短视（商业的）做检讨。我们的管理机构、艺术单位、学术团体理应把艺术界的一切看在眼里、放在心上、装在脑中，多关心、多讨论、多研究、多干事。

对于中国当代艺术的多年失语，是中国当代的一道至今没有愈合的伤口。尤伦斯抛售中国当代艺术，再一次揭开了这道伤口，我们是不是应该痛定思痛？

（《人民日报》2012年7月8日第8版）

谁对艺术品负责

常常听到拍卖界人士议论有关部门的管理，其中自然有牢骚。据我看，多数的牢骚还是旧体制与新情况之间的矛盾产生的。于是我再次学习国家有关文物与艺术品拍卖的法律、法规与政策。我的"牢骚"之一是：怎么没有人对拍卖中的艺术品负责呢？

在国家文物局的网站上，有 2011 年 1 月 13 日修订颁发、至今有效的《文物拍卖企业资质年审管理办法》，从其中的第四条知道，全国负责文物拍卖企业资质定期审查的是国家文物局与各省级文物行政管理部门。由此而产生疑问：全国的文物与艺术品拍卖企业拍卖"文物"方面的资质由相关部门定期审核，而其拍卖"艺术品"方面的资质不知道由谁来审核，那些不能或不拍卖文物的拍卖公司的资质更不知道由谁来审核。从我们国家目前的行政管理体系推论，应该是没有谁来审核。

这么多年来，有关文化艺术工作的法律、法规与政策，都是由相关部门"会同"讨论制定颁布实行的，怎么单单关于全国文物与艺术品拍卖企业资质的定期审核却成了国家文物局一家之事呢？

是不是此事不大，牵涉不广，无须兴师动众？非也！从中国拍卖行业协会官网上得知，其会员单位有1000多家。在国家文物局官网上得知，全国从事文物拍卖的企业有300多家。虽然中国拍卖协会会员中还有从事不动产等非文物与艺术品拍卖的企业，但可以肯定地说，全国不能或不从事文物拍卖的企业还有不少，其从事艺术品拍卖方面的资质年审由哪个机构负责？或者说，从事文物拍卖的企业既有工商部门负责市场方面的定期审核，又有文物部门负责内容方面的定期审核，而对不能或不从事文物拍卖的企业之艺术资质的审核便放任自流了。另外，许多拍卖企业既从事文物拍卖，也从事艺术品拍卖，所以单纯对这些企业进行文物方面的资质定期审核是不够的。从国家行政管理的角度来说，这是一个空白区，理应填补。

是不是国家文物局及文博界法力无边，可以大包大揽，无须他人劳神？非也！所谓文博界的全称应该是文物与博物馆界，也就是说，其组成与功能之前提是文物。中国文博界可以说是人才济济，但是从目前文物研究的成果看，从文物保护的成果看，从文物管理的成果看，特别是从文博界几位权威专家笑话时出的情况看，文博界因为各种原因而发展不力也是一个事实。更何况，中国文博界对于外国美术史的研究几近空白，对于中国古代美术史的研究不够全面，对于中国近现代美术史的研究不够深入，对于中国当代美术的研究不够认真，所以有关部门主动放弃了对于拍卖企业艺术品方面的资质定期审核，但是《文物拍卖企业资质年审管理办法》对于从事文物与艺术品拍卖的企业是具备生杀予夺之权的。如果因为体制上的原因，因为能力上的原因，而把一方面的工作置之不理，是不甚妥当的。或者说，由文物部门一家单独决定文物与艺术品拍卖企业的资质定期审核是武断与简单从事的,理应调整。

是不是艺术品拍卖方面一向平安无事,其中不涉及管理方面的问题?非也!我们可以说,这些年在文物拍卖方面的问题也都体现在艺术品拍卖方面,如赝品充斥、人为炒作、鉴定混乱、知假拍假等。文物里有艺术品,艺术品中多数不是文物。因为不是文物,对于艺术品拍卖的诸多问题,国家文物局不予理会。因为事关艺术,事关学术,工商行政管理部门难以理会;而那些长期从事艺术创作与艺术史研究的机构、那些与艺术机构关系密切的行政管理部门又没有参与拍卖企业的管理,如是,拍卖企业艺术品方面工作的开展、成果的总结、问题的发现、学术的研究,包括国家相关法律、法规、政策的制定与落实给人以不全不力之虞,理应消解。

法律、法规与政策方面的空白需要填充和调整结构,艺术与学术方面的孱弱需要强化和借用外力,如果不好办,倒不如取消此项审核,因为在国外,好像没听说谁对拍卖界的两大巨头——苏富比和佳士得定期进行所谓文物拍卖的资质年审。

近来，社会对于文物与艺术品的鉴定、拍卖、宣传报道方面的问题反映强烈，有关部门多次联手加强管理，希望这些干预与管理更加深入，更加扎实，以适应文物与艺术品拍卖的发展需要。

（《人民日报》2012年7月22日第8版）

夯　歌

　　家在湘江边上，20多岁始离开，看见过远浦归帆，看见过纤夫艰行，但从没听过船工号子，也从没看见过渔舟唱晚。在我的记忆中，只留下每年冬季兴修水利时的夯歌，一声一声，和着汗水，和着艰辛，在岁月的深处不时砸响。

　　重重的石夯被大家奋力拉扯着抛向天空，然后狠狠地拍在大堤的基础上，单调、沉闷、辛苦，清一色的男人们便开始了属于民间艺术的夯歌创作：有对家乡景致的描写，但比较直白，几无诗意；有对爱情的歌颂，比较直接，但不下作；有对生活的揶揄，辛酸苦辣，但不绝望……不管怎样，夯歌是自然的，夯歌是健康的，夯歌是十分令人回味的。

这些年，中国文物与艺术品市场的各项指标扶摇而上，但不时有晃动不稳的感觉。在这个因为调整而有些低沉、因为清冷而有些难以兴奋的时节，总希望有夯歌响起，哪怕和着泪水。

中国文物与艺术品市场过往常常歌声大作，但大都是进行曲。2003年春拍始，中国文物与艺术品市场开始出现井喷行情，其中有过或软或硬的，或自发或外加或内外相应的调整，但每一次调整，唱衰的歌声还不成调，冲锋号就又一次被吹起，激越的歌声引发了欢畅的合鸣。这样，中国文物与艺术品市场连年不断地创造新纪录、开创新局面，也不断地积累新问题。遗憾的是，新纪录被人醒目地记载着，新局面被人反复地开展着，新问题却没有得到研究解决，而在各自的地方堆积着，有的还发酵着。

中国文物与艺术市场有时也走下坡路，个别时候还可以听到有些沮丧的调子。但是悲情很快被现实的欢乐冲淡，沮丧也只是因为个别人、个别公司、个别动向不智造成的血本无归而出现。在我们这个高速发展的市场，在我们这个大踏步的复兴时刻，每次或大或小的调整都被理解为蓄势待发，都被理解为重新洗牌。当古董商变成了收藏家、收藏家变成了投资人以后，大家较多地看到了年成交额的曲线上扬，而不大会在意这些年上扬的力量来自何方；也没有在意这些个能量是正的，还是负的，还是有正有负。

俗话说的"萝卜快了不洗泥"，是说萝卜好卖的时候无须洗去上面的泥巴。在中国文物与艺术品市场大踏步向前进的时候，如果你要停下来洗泥巴，便可能会被大家抛下，因为大家不需要吃萝卜，而是要吃肉。

现在的问题是，人们发现无论何时，肉是要吃的，萝卜也是要吃的；吃肉可以强身，吃萝卜则可以少生病。中国文物与艺术品市场，在经过十年的创立与十年的开展之后，是不是也要考虑在吃肉的同时，也要吃点萝卜了？

所谓吃萝卜、所谓调整，就是要有人、有机构、有心思来把这么多年积累的问题分析一下、整理一下，提出解决的办法。譬如说，解决文物与艺术品进出口关税征收与进一步推进海外中国文物回流的矛盾，党风建设政纪整肃与名家艺术品礼品化难以遏制的矛盾，文物与艺术品赝品泛滥与地方经济和民间工艺发展的矛盾，文物保护与当地老百姓特别是当地农民生活改善的矛盾，文物市场监管与文物管理部门人员利益保护包括老有所为的矛盾，艺术创作的创新要求与市场热点的品格不高的矛盾，市场从业人员、政府管理部门人员的素质提高与市场容量急剧扩大的矛盾等。如果说这些矛盾和问题多年来或多或少、或迟或早地出现与存在着，那么到了今天，我们则可以说，中国文物与艺术品市场目前出现的重大调整既是整体经济形势的裹挟所致，更是市场本身阶段性的必然现象；也就是所谓的调整是内部的要求，是发展的要求，也是存在的要求。

把问题提到生死存亡的高度来讨论，并非中国文物与艺术品市场与国家经济形势脱节冒进了，并非中国老百姓的文物与艺术品收藏要求与时代脱节冒进了，并非中国文物与艺术品市场与全球相关市场脱节冒进了。至此我们依然有理由相信中国文物与艺术品市场的复兴事业还在过程当中，但是中国文物与艺术品市场的成熟不是以总成交额达到多少为标志的,也不是以其在全球市场所占份额的多少为标志的。简单地说就是好东西有好价钱,次东西是次价钱;假东西没人要,坑蒙拐骗极少有……如是,这个市场才是健康的,才有真正的繁荣可言。

说到底,中国文物与艺术品市场中出现的问题的认识与解决,都要归结到文物与艺术品本身的特质上,这就是文化,就是知识与美。这就要求我们所有的从业人员、管理人员、参与人员,甚至包括所有内心产生了收藏愿望的人们,提高文化修养,增加知识,学会审美,也即中国文物与艺术品市场还得夯实基础。但愿夯歌不断响起。

(《人民日报》2012年11月25日第8版)

潜龙在渊

人们之所以感慨世事无常，可能是因为这世界变化太快，也可能是因为人们的短视。人生如此，艺术亦如此。一个希望有所成就的艺术家应当有远大的抱负，不能三心二意，必须以一生的力量来投身艺术。

李可染曾经拜齐白石与黄宾虹为师，两位大师的一厚一拙，使李可染的山水画艺术上接天风，下开未来。与中华民族近百年的民族独立、改革复兴的伟大事业同步合辙，曾经被海外人士讥讽为"傻大黑粗"的李可染山水画如今受到普遍的推崇，学术评价、市场评估与大众评述三位一体。李可染有一件小品，题曰《积墨山水》。我们可以给它起一个副标题："向范宽与黄宾虹致敬"！之所以说"向范宽致敬"，是李可染在作品中借用了满幅构图,顶天立地,气势逼人;之所以说"向黄宾虹致敬",则是他在作品中探讨着黄宾虹擅长的积墨法。其实,黄宾虹的积墨法是从范宽来,但他把范宽的小点类皴法(雨点皴、芝麻皴等)延长为短线,交织重叠。李可染则把范宽的层层染与黄宾虹的层层写合而为一,且让积墨形成的黑气通过反差强烈的留白,形成了西方现代艺术印象派的逆光效果,从而使作为一个技巧的"积墨法"有了更多的内涵。李可染在作品题跋中称之为"区区小技",又说"擅用此法者极稀",可见所谓积墨法关系"大自然阴阳晦明之象",因而李可染在古稀之后依旧作了专题研究。

如果说李可染在20世纪五六十年代的创作形态是"重识山河"的话,70年代末80年代则是他在"东方既白"之时的"重整山河"。在李可染"重识山河"的系列作品中,我们可以看到他对于山川形势的细察明辨,可以深切地体会到他对于祖国山河与民族风情的赤子之心。在李可染"重整山河"的系列作品中,我们则可以看到他对于中外美学传统与中西画理的求证反思,可以领略他在创新之路上矢志不渝的探索情怀。

从一件作品可以看到一个时代，从一位艺术家可以窥视数千年历史，我们应当为此而庆幸。现在的问题是，我们今天又如何呢？环顾中国艺术界，也许是我们的眼力不够，发现不了天才艺术家与伟大艺术品。

以此往前推100年，中国社会多数时间处在动乱频仍的状态，但是我们却拥有天才的艺术家与伟大的艺术品。看今朝，艺术家如过江之鲫，但谁在未来的100年里引领风骚？谁在未来的100年后俏立潮头？谁的作品能够告诉未来——我们所处的是怎样的一个时代？谁的创作能够连接未来——数千年文明史能够风正潮平？从收藏的角度来说，谁能够保证我们的子孙后代承接的是重器，而不是浮萍？谁能够保证我们的子孙后代珍惜的是珍品，而不是劣作？谁能够让广大投资人的利益得到保证，而不是相反，以致血本无归？

小则为珍品，大则为力作，要为珍品与力作，首先得是精心之作。可是，这些年来，在我们面前出现的是浮躁之气、浮浅之作、浮夸之风。所谓"三浮"，指的是三个阶段的现象。浮躁指的是艺术家的心理与思想状态，人坐不下来，心静不下来，气沉不下来，也就不能深入生活、认真学习、潜心创作。浮浅指的是在艺术品的审美与思想水准方面，既没有审美的高度，也没有思想的深度，只有投机性、市侩气、小家子气等。浮夸指的是在艺术家与艺术品的社会评估方面，到处是"大师"，到处是"精品"，到处是"大展"，到处是高价甚至天价成交……

浮浅必然视短，浮躁必然气短，浮夸必然寿短。龙年即尽，中国社会、中国艺术更是要潜龙在渊，而不是一味地飞龙在天。

（《人民日报》2013年1月20日第12版）

中国人的墙头

一般而言,收藏空间的有无与大小是由收藏者的经济实力决定的,正所谓有多少钱办多少事。但是这是不是意味着,一般工薪阶层、低收入者便不能从事收藏呢?或者说,没有多少钱的人就活该家徒四壁呢?其实,中国人从来不是家徒四壁的。从前,中国人的堂屋之上,大多有一幅山水中堂,附设一副对联。中华人民共和国成立后,中堂和对联慢慢没有了,领袖的头像取而代之。20世纪80年代后,领袖的头像取下来了;女演员的头像(俗称美人头)高高在上,巧笑倩兮,美目盼兮。这些年,美人头少了,除了以宗教方式出现的头像,中国家庭的墙头还出现了艺术名作的印刷品,艺术摄像出现了,工艺品出现了,甚至艺术品也出现了。中国人的家庭装饰越来越有个性，越来越讲究了。但是从收藏的角度来说，这装饰的个性似乎有进一步讲究的必要。

人们在参观国外博物馆、美术馆时，可以在其附设的纪念品中心买到世界名画的印刷品。原来是中国美术院校买一些回来，让无缘公出、无力私出，也看不到原作的师生们可以一睹外国名作的风采。后来是一些美术爱好者买一些回来，张贴在家里或送亲友中的同好者，让大家一起沉浸在一片典雅中。如今，中国的印刷业和国外同行比有过之而无不及，印刷精美的艺术品已经出现在普通老百姓家的墙头上。

但是印刷品毕竟是印刷品，不及原作精彩，于是在20世纪90年代开始出现了世界名画的局部仿制品，这甚至在天津、广东等地形成了产业，有的至今不衰。再往后，因为知识产权保护的力度加大，原创的艺术品开始以低廉的价格出现。然而在艺术领域，价廉与物美常常是对立的，那些低廉的艺术品难免材料低劣，难免技巧低下，难免趣味低俗，难免品质低档。因此，近几年这些低端的艺术品开始从家庭退出，虽然还残留在一些乡村酒馆饭店里,堆积在大卖场的楼梯拐弯处。

这些年,十字绣也成了成年人的手工活,其成果代替美人头、代替印刷品、代替劣质艺术品而成了许多家庭的墙头装饰,这是"敝帚自珍"的现代版。虽然自己的劳动成果值得珍惜,自己的审美选择值得尊重,但是十字绣大多是有样板的,这样板既有可能侵犯他人艺术劳动的知识产权,更是一种新的千篇一律、新的比比皆是。

如果没有太多的钱,倒不如回到张贴艺术名作的印刷品时代,甚至给印刷品配上合适的画框。毕竟艺术名作的审美趣味是高企的,艺术名作的魅力是永恒的。而且艺术名作的风格是千姿百态的,大家尽可在浩瀚的艺术天地里选择,然后展示。由此再进一步拓展到收藏其他印刷品,如电影海报、报纸号外、杂志创刊号及小人书、系列图书等。如是到了一定的数量与品质,便成为收藏家了。中国,应当有大量的藏书家。

如果非自己原创,倒不如用手机或相机在家里,去室外,到大自然中,拍一些让自己赏心悦目的情景,放大了,张挂在自己家的墙头。这可能水平不高,但一定是与众不同的。更重要的是,你可以用摄影的方式记录社会的变迁、社区的变迁、家庭的变迁,这些变迁就是历史,至少是生活的温馨与人生的意义。一旦由此而进一步钻研摄影技术与艺术,不断地进步并有了作品,便成为摄影艺术家或者摄影收藏家了。

如果非古玩与艺术品不可则可把眼光降下来,据自己的经济实力收藏一些民间艺术品与工艺品,如剪纸、农民画、民窑瓷器、泥塑、个性邮票或邮票年册等。

从自己的实力与水平起步,从自己的家庭与社区起步,让自己家的墙头不同于邻里的墙头,让自己家的生活不同于邻里的生活;不断地开拓自己的生活空间,并由此而建立与开拓自己的收藏空间。大家不可能都是有钱人,也不要羡慕有钱人,更不要因为他人的财大气粗而吓破了自己的胆,从而画地为牢,自缚手脚,要知道,在收藏领域,常常有心人比有钱人更令人尊重,更可能有所作为,甚至也有大作为。

(《人民日报》2013年4月14日第12版)

还是一个小孩

作家马伯庸无论从哪个角度说,都不是一个小孩了。可是前些日子,他却干了一件小孩才干的事。他再一次地说,皇帝的新衣其实是皇帝没有穿衣服。

1837年,丹麦作家安徒生写作并发表了童话故事《皇帝的新衣》,其中就有一个小孩,揭穿了一个天大的笑话——两个骗子给喜欢打扮的皇帝设计制作了一件并不存在的新衣。怕人说破,他们又编造说只有笨蛋才看不到这件新衣。皇帝、近臣们虽然都看不到这件新衣,但怕人说自己笨,都不吱声,皇帝还穿着它参加了游行典礼。最终,有一个小孩说出了真相。

马伯庸在博文《少年Ma的奇幻历史漂流之旅》中,有文有图、亦庄亦谐地介绍了河北衡水冀州冀宝斋的所谓藏品，让人失笑不已，冷汗直淌。冀宝斋主们以天大的胆子、无边的智慧、厚不可测的脸皮集合了中华文明史上最不文明的一批赝品，制造了人类文明史上最不文明的一个骗局。所以在冀宝斋博物馆被有关部门安排"闭馆整顿"的时候，我们有必要如马伯庸般，做一个小孩，来说说与之相关的人与事。

冀宝斋是一家民办的博物馆，现行体制下归文物部门管辖。但它却是先由冀州市民政局颁发《民办非企业单位登记证书》，再由冀州市文化广电新闻出版局"补办手续"的。文物部门之所以同意，是因为它"有场地，有藏品"。可是，这"藏品"是什么样的？真假如何？好孬如何？这些藏品是从哪儿来的？合法与否？手续全吗？这些藏品如果是真的、好的、合法的、手续全的，保存条件怎样？管理得怎么样？这些都是文物部门的权力与责任。在冀宝斋这个问题上，文物主管部门首先是"不作为"，接着是"不认真"，最终是"不管理"。

冀宝斋从创办至今，声名是十分显赫的。一个村庄，收藏了数万件文物，其中不乏国宝级的文物，十分罕见。

凭着这个，它成了一家民办博物馆，成了国家 AAA 级旅游景区，成了当地的一张文化名片。这些荣誉的获得，有一些专家参与了工作，起了推波助澜的作用；有一些专家不知底细，还四处为之张扬；有一些专家参观了这家博物馆，明知有诈，却保持了不应有的沉默，甚至有知名专家报以礼节性的"题词鼓励"；与之相关的文博界专家们则是集体性缺席。

这些年来，物质的空前充盈进一步启动了人们的精神需求，金钱的空前充盈进一步启动了人们的财富欲求。中国文物与艺术品市场的高速发展、产生，更编造了一些一夜暴富的神话，有钱的时常呼风唤雨，有点钱却不多的则朝思暮想捡漏儿，更有些想法比银子多、胆子比家底大的企业家派人上山下乡，过江入海，四处寻宝……投其所好，中原的农民给他们送去了大量的商周大鼎，陕甘的农民给他们送去了大量的秦砖汉瓦，广东的农民给他们转送了大量的高古玉器，景德镇的匠人们给他们送去了大量的明清官窑，河北的农民给他们送去了大量的齐白石、徐悲鸿之作，还有香港、台湾的古董商人，联合欧洲的贵族后代与大陆的世家子弟，给他们送去了大量的家藏珍宝……钱再多，也有花光的时候，"文物古籍"却是源源不断，于是乎，一大批民办私人博物馆在大江南北如雨后春笋般拱现，有巨大的展览场馆，有高档的展览橱柜，有专业的展览灯光，可是不少文物与艺术品的身份、出处却总是令人质疑。

它们有的是偷来的，沉稳的器物里有先人永不安宁的灵魂，也一定会有后人警示的目光。有的是仿制的，类似甚至相同的材料与工艺终究复制不出历史的沧桑与沉重。有的是临摹的，哪怕是气势如虹、笔走龙蛇也终究刻画不出真情实感的那份微妙。有的是编造的，没日没夜的手摸、油浸终究不能造就骨子里的那份凝重与傲气。

冀宝斋博物馆其实是一条虫，却如龙般扑腾了几年，原因是多方面的，重要的一个方面是有关部门与有关人士的学术缺失、良知缺失、责任缺失与胆量缺失，如是，中国文博界的一个巨大的肥皂泡由一个作家的一篇博文捅破了，说皇帝没穿衣服的还是一个小孩。

（《人民日报》2013年7月21日第12版）

何苦深宫锁蛟龙

说到当前中国文物与艺术品市场的鉴定问题,大家似乎有些茫然,因为现行的制度难以突破,已有的思路难以贯通。

所谓制度问题,就在于:社会与市场非常缺乏鉴定人员,国有机构的相关人员则不能自由地参与。这些年,受国家经济政策和经济形势的影响,文化事业特别是文博事业快速发展,国有博物馆、文化站、高等院校、科研院所人才济济。但是如何使其服务社会、进入市场,还是个问题。每次讨论到此,大家便觉得不好办。社会何其复杂,市场何其俗气。国有事业单位的专业人员一旦放开了,进入社会便如泥牛入海,更何况参与市场会使人心不稳。于是宫门严禁,纪律严明,翻墙打洞之事常常发生。

有专家受国家委托，参与拍卖公司部分拍品的鉴定评估，可是国家最终因为各种各样的原因而放弃了收藏，其鉴定评估成果被拍卖公司利用，为社会人员与其他机构享用了。

有专家受部门委托，参与拍卖公司拍品的行政监管，可是其鉴定评估成果虽然一方面体现了国家与学术的权力，但另一方面则化为社会人员与其他机构的利益了。

有专家受单位委托，参与拍卖会某些拍品的鉴定评估。在其工作之时，有人就其他类似拍品向专家请教，这请教就有可能是参与市场了。

有专家在8小时以外，受子弟之请，拜朋友之邀，为社会人员与机构出谋划策，所得报酬乃一介书生为友情故；即使单位知道，亦无可奈何。

有专家不顾国家的相关规定，也不顾单位的三令五申，或明或暗地为人把关掌眼，自然也若明若暗地有所收益。说穿了，一不犯法，二不害人。只是奉夫人之命，为子女所挟，为稻粱谋，自然无所畏惧。

更多的专家，有些胆小，有些面薄，有些没路子，有些没办法，只好苦坐宫中，久而久之，便是"白头宫女在"了。

可是，中国文物与艺术品市场虽然发展得很快，却总是处在"嗷嗷待哺"状态，作为国家机构、事业单位，作为人民培养的专业技术人员，在收藏者处在"水深火热"之中时，怎么能有力不使、见死不救呢？

这些年，国家有关机构与单位也为此做了一些事，尽了些努力，在文物知识的普及、艺术鉴赏的提高等方面做了些展览、出版工作。可是，博物馆免费开放了，展览的水平却参差不齐。特别是展览说明的文字不详备、不通俗，更何况展览的物品或者高高在墙上，或者紧锁在展柜里，而可以展开观看、可以上手鉴定的文物与艺术品却是真假莫辨。此时，专家却被深锁宫中。

谁不想让这被凝固的庞大力量释放能量呢？谁不想自己的人员幸福富足呢？我相信，谁都想，而事实是谁都不敢！

之所以不敢，是现行的制度所囿，但是不是有一个思路的问题呢？

这个思路就是要把一个行业的事情放大到一个民族的文明史的跨度来认识，今日事当今日毕，所谓毕，是完成，也是发展。个别大专家这些年为一些文物所作题跋之所以被市场评定为"不如没有"，既有受人之托、受利所驱而放弃原则的因素，也有在原单位威风凛凛、学术上却止步不前的因素。市场之大之诡异远超我们的想象，放虎归山才知道是真老虎还是纸老虎。

这个思路就是要把一个部门的事情放大到国家文化发展的战略高度来认识，还有文物保护的战略高度、人才培养的战略高度。国家的文物是文物，社会与市场中的文物也是文物，也在保护之列，这个道理应该是一想就通的。

这个思路就是要把一个单位的事情放大到全社会的广大范围来认识，单位是单位，但单位的人是社会的人，人的七情六欲、人的七大姑八大姨是单位管不全但又是不能忽视的。

同时，把鉴定人员的收入放在明处之后，既便于单位管理,也便于国家税收。

更重要的是,这个思路一旦开通,中国文物与艺术品市场中的赝品横行之忧就可能让人看到消解的希望。这就是,市场中中国文物与艺术品的鉴定必须有"国家队",并由此体现学术的力量,由此体现国家的力量,由此体现正义的力量。

我们不是没有力量,只是蛟龙被深锁宫中,何苦呢?!

(《人民日报》2013年8月18日第12版)

第三辑

风范篇

丰神方入云

齐白石：又领风骚筑高台

虽然有4件作品在去年秋拍中迈上了亿元平台，中国古代书画作品并不因此而可以皆大欢喜。它们中的大多数没有得到历代重要文献的著录，且当代人对之缺乏应有的研究与鉴别；而被著录的作品也有一部分艺术水平不高、文物价值有限。也就是说，中国古代书画作品可以在中国文物与艺术品市场中不时成为划破夜空的闪电，却不会成为春日里那漫山遍野的山花。

于是，我们有必要把目光转向紧随其后，作品以近亿元人民币成交的齐白石（图1）。

图 1 齐白石晚年肖像

充分的学术性，使他不时一鹤冲天

木匠出身的齐白石在中国画领域起步很晚，但进步幅度大。20世纪20年代之前，他学习八大山人，走文人画路子，作品冷逸隽雅。后来，他接受陈师曾建议，衰年变法，自创红花墨叶一派，大开大合，大俗大雅，开创了大写意中国画的崭新局面。

齐白石的书法初学馆阁体，后学何绍基，又学金冬心，以文人手迹的精细来冲淡民间画师的粗放，从而确定了自己在文化人中的立足点。中年到北京后，他下大功夫，临摹李北海的《云麾将军碑》，于纤毫之间形成了书法的个人风格：凝重磊落，超迈达逸。

傅抱石说："（白石）老人的天才、魄力，在篆刻上所发挥的实在不亚于绘画。"此说成立。齐白石的篆刻先以浙派丁敬、黄易为师，后从海派赵之谦，又将书法碑刻《天发神谶碑》的篆法与《祀三公山碑》的刀法合而为一，得到了纵横排挞、沉雄霸悍之气象。

湖南乡村的苦中有甜、细木工匠的粗中有细、底层人的善良、文化人的清高、农民式的狡黠与中国人的大义，在数十年里千锤百炼，王闿运、樊樊山、陈师曾、林风眠、徐悲鸿等文化名人的拣沙识金，历经晚清、民国、中华人民共和国风云际会的九四鹤龄……这一切的一切使得他能够厚积广收，突进勇为，从而也成就了这一位中国书画史上雄视古今的里程碑式人物。

曾经被人识为粗鄙不堪，曾经被人识为荒诞不经，曾经被人识为愚钝不开，人为木匠身，诗是薛蟠体，画是野狐禅……然而就是他的野莽不羁与温和敦厚的文人画形成的强烈审美反差，却与"冲破一切旧牢笼"的新文化运动，与"建设一个新中国"的民族救亡运动不期而遇、不谋而合，风雷激荡，自有光华万丈。也因此，在相当长的一段时间里，齐白石得到了深入的分析、充分的评价与历史性的肯定。齐白石的艺术正是在冰火两重天的强烈反差中出现、成熟、推广……而闻名遐迩、高耸入云的。

齐白石是世界文化名人，是人民艺术家，是中国艺术大师，这些是对于艺术品市场而言的。对齐白石的学术评价则是光环，是催化剂，是点睛之笔，因为它造就了齐白石作品"雅俗共赏"的美学特征与"长盛不衰"的市场格局，从而也使其作品在中国书画市场上不时以高价成交，成为新一轮市场行情成立与否的主要标志。所以我们完全有理由相信，2009年齐白石作品拍卖的再上层楼是多年来中国书画市场自身发展的结果。

充分的市场化，使他总是坚如磐石

齐白石作品永远的市场号召力是经过数十年艺术品市场的反复淘洗锻打而成就的。

无论是为他人打造家具的"芝木匠"，还是为他人创作书画的艺术家，齐白石一生出入市场，讨价还价，靠手艺、靠勤劳、靠智慧、靠才情而养家糊口、添房置产。

他的第一个润格是时任陕西臬台的樊樊山给的，给其篆刻定的价是"每字三金"不等。后来，又有吴昌硕给他的画定润格。此后，他在不同时期都给自己开出随行就市的笔单。

图2 齐白石《祖国颂》1954年。除了这张《祖国颂》，齐白石还画过构图、内容与此图非常接近的《松鹤图》，赠送给毛泽东。现收藏在中南海。《祖国颂》是齐白石的大型作品，这不仅体现在尺幅方面，也体现在主题与题材方面。清朗的画面体现了社会生活的清朗，简练的笔触展示了人际关系的简练，喜悦的气息表达了艺术家心情的喜悦，正是这种直接的对应关系说明了艺术家心境的自由畅快。因此，齐白石的这件作品既是其大写意花鸟画的力作，也是中国红色经典艺术的开山作之一，在中国美术史上有着特殊的地位

他的第一桶金据说来自给一位江西盐商画的《南岳图》，6尺整纸12条屏，为青绿山水。因此，他得到了润金320两白银，以之承租了距其出生地星斗塘5里远的梅公祠，取名"百梅书屋"，并在祠内空地上添盖了一间书房，曰"借山吟馆"。

齐白石由民间画师转为艺术家，得益于他中年时的"五出五归"。他因此而广交朋友，因此而阅历广开，因此而游历山川，因此而得稿无数，而"五出五归"的直接动因是朋友邀游，间接动因也可以说是基本动因则是多赚钱。他的"一出一归"就带回家2000多两白银。

齐白石的"衰年变法"虽有"不欲人知，致饿死京华，公等勿怜"的豪言壮语，但他之所以接受陈师曾的劝说，也跟他"学的是八大山人冷逸的一路，不为北京人所喜爱……很少来问津，生涯落寞得很"不无关系。

1922年，陈师曾将他新创的"红花墨叶一派"作品带到日本，不仅销售一空，且价格不菲，犹以山水受欢迎，"二尺长的纸，卖到250元银币"。齐白石由此感慨："这样的善价，在国内是想也不敢想的。"

图3　齐白石《竹篱葫芦》

齐白石自题诗堂：

一　手妙纸佳方有此画（三尺纸之《竹篱葫芦》也），百年后如不值百金，白石作鬼也应痛哭。壬申五月书此，附画自藏。白石

二　此葫芦是张仃弟所宝藏，他人不得窃夺去。九十三岁白石重看加记

此后，时局时紧时松，齐白石的画价也时高时低。在日伪统治北平的时候，虽"为了生计，只得仍操旧业"，但他以中国传统习俗的方式——"从来官不入民家，官入民家，主人不利"，对付日伪人士的欺诈恐吓。

齐白石一生唯一一次对市场说"不"，是物价飞涨的中华人民共和国成立前夕，因为有人把他的画当作货物囤积起来，拿着废纸一样的"金圆券"来订画，一订就是几十张几百张，他"耗了不少心血，费了不少腕力，换得的票子，有时一张画还买不到几个烧饼"，于是，他挂出"暂停收件"的告白。

中华人民共和国成立后，齐白石虽得到了前所未有的礼遇，但因年岁已高，没有出任公职，也不拿国家工资，仍以卖画为生。他送给毛泽东巨幅中堂和珍藏多年的砚台，毛泽东也派人送来了丰厚的润资。此后，他的作品基本由北京荣宝斋、上海朵云轩等国营画店收售。

约在20世纪40年代，香港人士多有收藏齐白石作品。80年代初，齐白石的作品开始在海外拍卖市场上亮相，其作品价格在近现代书画名家中名列前茅。步入90

年代，齐白石的作品价格逐年翻番。1993年，内地有了文物与艺术品拍卖，齐白石的作品当仁不让，成为主要关注对象。其《辛未山水册》在中国嘉德1994年秋季拍卖会上以517万元人民币创造了当时齐氏作品拍卖的最好成绩。不过，1995年中国嘉德的"杨永德藏齐白石"专场成交率只有43%，特别是大量赝品的出现，致使其作品拍卖出现较大回落，但仍属于高价位行列。去年，齐白石作品全线飘红，精品力作均有不俗表现。据统计，几家主要拍卖公司推出的齐白石作品中，单件成交过100万元人民币的有106件，过500万元人民币的有5件，花鸟册页《可惜无声》（图4）更是以9520万元人民币成交。前些时候，法国Art Price公司发布的2009年全球艺术品销售排行榜中，齐白石以年成交额超过7000万美元而位列全球第三。按照中央美术学院相关机构的报告，齐白石作品2009年成交额为9.87亿元人民币，约合1.45亿美元，依此，当超过Art Price公布的毕加索与安迪·沃霍尔。不过，国内拍卖公司良莠不齐，齐白石作品之赝品及假成交情况不可低估，所以人们仍然

图4 齐白石的册页《可惜无声》最终以9000多万元人民币成交。册页、手卷、扇面等中国画的小型作品曾经是文人之间鉴赏的主要物品。这些年，大家则热衷于大尺幅的作品，如中堂或几条屏之类

愿意相信 Art Price 的统计。

更为重要的是，因为齐白石一生紧贴市场，其作品多为吉祥清新，很少慷慨悲歌，很少正襟危坐；没有主题性大创作，也就难得有大买卖，而是靠整体叫好，靠数量取胜。不过，国外除了毕加索等极少数几个高产艺术家，人类历史上也没有几个人如齐白石般以数以万计的作品铺开于世界各地，且于关键时刻以价格引领市场风骚，又以数量夯实市场基础，并筑高台上层楼。

这就是齐白石，其市场的标杆意义在于：拥有大众，方能拥有市场；靠商业技巧，只能赢得一时；靠学术提升、靠艺术独创，方能拥有永远的未来。

（《人民日报》2010 年 4 月 11 日第 8 版）

张大千：吞吐八荒揽古今

出身平民的张大千（图1）一生阅尽奢华，声名远播的他也曾浪迹天涯。年轻时，他与其二兄张善孖号称"蜀中双雄"。中年时，他与贵胄溥心畬并列，人称"南张北溥"。晚年时，他与溥心畬、黄君璧在台湾并称"渡海三杰"。这许多年来，大家又将他与齐白石并列为"南张北齐"。最为其张目的莫过于徐悲鸿的赞叹："五百年来一大千！"

今年5月17日子夜时分，在中国嘉德2010年春季拍卖会"借古开今——张大千、黄宾虹、吴湖帆及同时代画家"专场中，估价1500万—2000万元人民币的张大千巨幅绢本泼彩山水画《爱痕湖》（图2）以900万元人民币起拍，经数十轮竞价，最终以1.008亿元人民币成交。这是张大千个人作品拍卖的最新世界纪录，也

图 1　张大千肖像

是中国近现代美术作品拍卖首次突破亿元大关。

张大千又一次成为了中国近现代美术市场的登峰造极者。这委实值得探究。

奢华而辉煌不已的张大千

张大千的一生是奢华的。

20岁前后,张大千东渡日本留学,归国后在上海美术学校任教的同时,求教于晚清名士、民国寓公曾熙与李瑞清,并与谢玉岑、黄宾虹、方介堪、叶恭绰等人交游。在张善孖的关照下,他过着优哉游哉的生活。

1925年,26岁的他在上海举行首次个人画展,全部展品100多件一售而空。此后,他经常在国内外举办个人画展,且每展必售,每售近罄,斩获颇丰。所以他挥金如土,生活如此,收藏如此,创作亦如此。

出生于内江的张大千有着一般四川人的特点:喜欢摆龙门阵,爱热闹。当年,他在老先生身旁抻纸端墨。自己有了声名后,也以"大风堂"招揽门生,让他们围着自己转,即使创作时也希望身边有人喝彩。

民国初年，清皇室为维持现实体面与未来生计考虑，从皇帝到太监，都从宫里往外挟带文物私售，张大千作为收藏家、鉴定家可说是赶上了"好时机"。他过手很多，买了不少，也有看走眼了的。有些，他嫁祸他人；有些，他也只能打落牙齿往肚里吞。

20世纪40年代初，张大千前后历时经年，两赴敦煌，临摹莫高窟壁画276幅。此后，他又花了大量时间，对北魏、北周、隋、唐、五代、宋、元各朝的壁画代表作及雕塑进行临摹勾画。据说，敦煌之行，张大千共耗资黄金5000余两。

创作上的巨额收获经不起流水般的消耗，富足大方的张大千常常也是负债累累的张大千。于是他发挥自己的另一个特长：仿制、修改古代书画，以假乱真，以次充好，以假谋生。这也是张大千屡为他人诟病的重要方面。

不过，对己放纵的张大千对人也十分豪爽。他是一个多产的艺术家，据后人粗略统计，其一生做画逾三万幅，真正展出销售的只是极少数，多半是他随手送人，散逸各方。而且无论达官贵人，还是贩夫走卒，只要讨要，他都是慨然与之，绝无他意。

且看如今的艺术家们，生活上，他们中的一些人是豪车豪宅华服美食，创作上却是不愿投入。国家数十年给他们发工资、买保险、给住房，当国家让他们创作一件"重大题材"作品时，还要给他们巨额资料费、写生费、材料费；对于贩夫走卒不理不睬的他们，对于贪官富人却是趋之若鹜，双手一再呈上"大作"请教。他们或者早熟老苗，或者夭折不远，或者老而糊涂，比之张大千等前辈们，他们不仅艺术之境界不够开阔，人生之境界也不够开朗。所以生活上阔绰铺张的张大千往往能在艺术上华丽转身，开辟新天地。

渊博而浸漫无边的张大千

多少年了，坊间有一个关于张大千与毕加索的传说，有假有真，却是流传甚广，且颇有意味：1956年6月间，"张大千临摹敦煌壁画展"在巴黎东方博物馆开幕，"张大千近作展"同时在卢浮宫博物馆东画廊举行。毕加索应邀参观展览。看完展览后，毕加索问他："您的作品

图 2　张大千《爱痕湖》

在哪儿？"意思是说，你张大千除了临摹仿制古代书画，别无他长。不久，张大千回拜毕加索。毕加索拿出一本册页，说自己对创作中国画有兴趣。看完，张大千问毕加索："您画的中国画在哪儿呢？"意思是说，你这手离中国画还十分遥远。这样，他报了毕加索一箭之仇。不过，与毕加索的过招，引发了张大千创造自己风格的冲动，诞生了别具一格的泼彩山水画。其实，张大千与毕加索的嘴仗纯系子虚乌有，张大千从泼墨到泼彩的探索开始

于 20 世纪 60 年代，离二位大师的见面已然多年了。

1962 年，张大千尝试以泼墨浅绛创作了《青城山通景四屏》。此后数年，在苦心经营的巴西圣保罗"八德园"中，他创作了一批泼彩山水画，包括作于 1965 年的《山园骤雨》与《秋山图》，作于 1968 年的《爱痕湖》等。张大千在笔力老到的传统山水画之外另开一路，从泼墨走向泼彩而成自家气象、大家气象，原因是多方面的：其一是他从 1957 年开始眼睛患病，于工细山水一路有困难，故改粗笔多泼墨。其二是他自1950年后，在世界各地四处展览，四处写生，异国风光给了他迥异于黄山、青城山、峨眉山的感受与启示。其三则是西方现代艺术对于西方艺术传统的全面否定也给了他离经叛道的勇气。他说，这泼彩山水"主要是从唐代王洽、宋代米芾、梁楷的泼墨法发展出来，只是吸收了西洋画的一点儿明暗处理手法而已"。

张大千能从西方的抽象艺术中看到中国传统艺术中抽象艺术的潜能，也能从数百上千年的传统泼墨艺术中找到与现代生活对接的节点，所以能从十分深厚的传统墨法之外强调色彩，展示色彩的无穷魅力，同时又体现中国文人画传统的气韵，就在于他不仅于研究中国传统艺术有其独到之处，还在于他的渊博，在于他的浸漫无边。早年，他临摹明末清初大家八大山人与石涛，进而由此上溯汉唐、宋、元、明。石涛才气过人，张大千亦然；石涛四通八达，张大千亦然。或者说，张大千正是通过石涛而含蕴了唐、宋、元、明百家之长，而达千古之变。

他是鬼才，他是怪才，他还是全才。

有前辈讲过这样一个故事：张大千与溥心畬初次见面时，两人没有寒暄，没有客套，而是就艺术能耐较劲。溥心畬取出一些扇面，提笔开画。张大千心领神会，也动笔画来。溥心畬在扇面上画几棵竹子就扔给大千，张大千也不抬头，接过来随手补上一块怪石。反之一样。不到几个小时，两人竟合作了几十件题材不一、风格不同的小品，妙趣横生，才情四溢。

有深入的研究，有深厚的积累，有深广的视野，有深笃的感觉，有深究的气魄，有深透的思想，自然独立于世而获不朽。这就是张大千之于当今的市场意义，自然也是张大千之于未来的学术意义。

（《人民日报》2010年7月25日第8版）

李可染：庙堂之高　江湖之远

11月22日下午，北京国际饭店三楼，目睹着李可染先生（图1）的水墨巨制《长征》（图2）最终以1.075亿元人民币创造了中国近现代书画作品的拍卖纪录，忽然想起了北宋范仲淹名篇《岳阳楼记》里的那句："居庙堂之高，则忧其民；处江湖之远，则忧其君。"如此联想，并非李可染如古代政治家那般"愁肠百结"，而是李可染的作品既含正气，又有清气，雄拔沉郁。李可染及其艺术何以赢得"生前身后名"，这是一件值得探究的事。

未居庙堂，而有高迈

出生于徐州的李可染其实是一个苦孩子出身，其父先为农民，后为渔民；双亲均是目不识丁。李可染因为

李可染：庙堂之高　江湖之远

图 1　李可染肖像

图2　李可染《长征》

好奇而早入艺途，因为颖异而常遇贵人；年少时有乡贤钱食芝提携，继而得林风眠赏识，复而为徐悲鸿推崇，更有齐白石、黄宾虹并世两昆仑为其靠山……而李可染成就大业的根本原因则是他自身追求的高迈。

李可染直到年届74岁时的1981年，才担任举旗不挂帅的中国画研究院院长，一生的绝大多数时期只是一个艺术家、一介布衣，但他的一生所系，主要是通过艺术而关乎天下与民族。年轻时，他以艺术而投身民族独立与人民解放事业，在杭州参与的"一八艺社"等进步学生团体是一个艺术青年的热血之举，在家乡徐州从事的唤起民众工作，在武汉等地创作的许多抗日宣传作品则是一个艺术家的社会担当。到了晚年，李可染作为一个艺术大家，参加了大量的公益活动与慈善事业，赤子之情与仁爱之心是李可染艺术的人文基石，深厚而又广大。

其人文思想化入艺术，则是他把自己的艺术探索与艺术创作始终归结为艺术时代性的提炼与总结。早在杭州国立艺专求学时，他以中国画底子而转入西画专业，且后来居上，在于他学习的勤奋与思想的活跃。20世纪40年代前期，他应邀担任重庆国立艺专讲师时，提出"以最大功力打进去，以最大勇气打出来"，深入传统堂奥，由文人画而及宋元画理、汉唐气象。50年代初，他和张仃等人有感于元明文人山水画的清疏与清代院体山水画的刻板，大胆地深入生活、深入自然，且坚持不懈，从而开辟了山水画的新天地。60年代初，他把学习所得、生活所得、思想所得转化为艺术所得，采一练十，由对景写生转向对景创作，完成了个人艺术面貌的塑造与展开，同时也确定了20世纪下半叶中国山水画艺术的时代坐标。更为重要的是，70年代中后期至去世之前，他在"为祖国山河立传"的旗帜下，以雄厚精进的创造力，把个人所有转化为时代所有，把艺术所有转化为历史所有。

李可染一生的主要社会角色是教师，正是在课堂上手把手教学的过程中，正是在带领学生外出写生的路途中，李可染通过言传身教，把自己的人生色调敷设在年轻学子的底版上，把自己的思想情怀浸漫进年轻学子的脑际里，把自己的探索追求扩大为师生共同奋斗的事业。李可染以寂寞之道，创立了中国美术的"苦学派"。李家山水不仅丰富了中国山水画图式的宝库，更让20世纪的中国山水画可以无愧千古，笑傲江湖。

不处江湖，而得纵逸

李可染弱冠时即以大字榜书而让乡亲们纷纷登门求春联。年轻时，他的个人展览会举行，徐悲鸿等名流或以作品交换，或付钱相购。20世纪60年代，北京荣宝斋销售其作品，价格已然不低。80年代初，香港艺术品拍卖会上，李可染的作品便高逾数万。这些年来，其作品在海内外，无论是画廊经营，还是拍卖，行情都是一波未了一波又起。他与齐白石、徐悲鸿、傅抱石、张大千组成的第一方阵，带动了中国艺术品市场的不断上扬，体现了中国艺术品市场的基本走势。

其实，李可染在中国艺术品市场发展的任一阶段，都只是顺其自然。他不排斥市场，不讨厌金钱，不拒绝收藏，但他不喜欢哄抬炒作，也不愿意独享其成，更不愿意让市场牵着自己的鼻子走。

他始终是一个严肃的艺术家、一个辛勤的耕耘者。

李可染多年以画牛作为应酬的手段，因为画牛比画山水要轻松一些，快捷一些，也因为他笔下的"牧童遥指杏花村"，远较他那黑乎乎的山水，更让一般观众喜欢。其实，他在花鸟与人物方面下的功夫也是穷追究竟的。在重庆国立艺专当讲师时，他着力研究中国画的文人画传统。他崇尚文人画的清朗与率真，其笔下的人物无论是高人逸士还是仕女走卒，都放逸恣肆（图3）。1947年，

图 3　李可染《苦吟图》

在北平国立艺专任教时，他登门拜齐白石为师，直至老人去世，整整十年，他有空即为老师磨墨抻纸，虚心讨教。不仅白石老人大写意花鸟画的磅礴气势在李可染的牧牛作品中得到了充分的展示，其拙朴的民间意味还在李可染的书法、山水画中得到了积极的响应。

求学于杭州国立艺专时，李可染认识了印象派作品的光感，并在后来的艺术创作中，让其在中国画的墨色中变化闪烁。20世纪50年代，李可染多次去浙江写生，在杭州时，他住在黄宾虹先生家数日，于朝夕相处间，于笔起墨落中，寻求老师的思想轨迹，印证艺术的真谛。在对北宋山水特别是范宽艺术的研究中，他确立了壁立千仞山体图式，并赋予这种图式以纪念碑之意义。在追随并实现黄宾虹"浑厚华滋"艺术理想时，他将笔法确定在魏碑之拙辣，而重点寻找、扩充传统墨法，甚至包括黄宾虹"七墨"的表现力与冲击力，在北派山水的浑厚中增加了圆融幽微，在传统山水的意象世界里开始了抽象。由此，时代感与历史感、个性与艺术性在一片交响中融汇成既高昂而又纵逸的李可染艺术。

李可染艺术因其影响的广大而早有学术定位与市场行情，如今，当他的作品《长征》拔得中国近现代艺术拍卖市场头筹时，我们应当看到这位天才型的艺术家的伟大成就其实是平地而起的丰碑，一砖一石，都是他以汗水与智慧捡拾、堆垒的，更为重要的是，中国艺术品市场应当如此——以丰厚来回报伟大艺术家的创造。

（《人民日报》2010年12月12日第8版）

林风眠：两间一卒独彷徨

说起林风眠（图1），其作品在中国艺术品市场中可以说是无人不晓，但却又是令人头痛的。

为什么这位在艺术创作领域里攻城拔寨的伟大人物其作品虽在艺术品市场中有逆市而上的时候，但多数情况下却是裹足不前呢？为什么这位在中国现代艺术史上举足轻重的伟大人物其作品却让收藏的人们常常举棋不定呢？

图1 林风眠肖像

一系列的疑问反映了人们的无奈、市场的无奈。

中国艺术品市场自20世纪80年代初在香港开始并入大洋——由古董店而画廊、由赶集而博览会、由画家私售而拍卖会，其时，便有了林风眠作品的不凡身影，其价位处于中国近现代大师作品之列。其时，林风眠的作品是风平浪静时垂悬的彩条，也是波涛四起时鼓胀的风帆，更是浊浪排空时的灯塔。

于艺术、于人性、于思想，林风眠都不输他人。可是到了这两年，齐白石、徐悲鸿、张大千、李可染作品过亿元了，傅抱石、潘天寿、石鲁作品近亿元了，连他的学生赵无极、朱德群、吴冠中的作品也是成百万上千万元地交易着……而他的，还在百万元的价位里徘徊。

为何？一曰"赝品缠身难去"；一曰"群龙无首领头"。

林风眠的作品模仿不易，可是，还真有人不信这个邪。他们中有人曾经登门拜访过林风眠，有人曾经与林风眠过从甚密，有人曾经买过林风眠的作品，有人曾经讨教于林风眠，甚至有林风眠曾经亲炙的学生、曾经倚重的友人；他们手中有林风眠与之来往的信件，能讲出若干林风眠生活与创作的故事。他们以林风眠友人、学生、亲戚的名义,提供了几件作品,人们如获至宝。接着,他们又推出10来件林风眠的作品,又被人们一抢而空。可是当他们似乎是取之不尽地推出几十件、上百件林风眠的作品时,却让人们目瞪口呆,大吐苦水。这些年,无论是香港、台湾、北京、上海,还是加拿大、美国;无论是高等院校组织的纪念展览,还是美术机构主办的学术活动,或是民间机构与学术策展人搞的专题展览,都有大量的林风眠作品被人质疑证伪。拍卖会上的林风眠赝品多到什么程度目前没有统计数据,反正没有几件作品能让人放心地为之一搏。

齐白石等人的作品之所以过亿,傅抱石等人的作品之所以常涨,赵无极等人的作品之所以后来居上,就在于他们的重要作品都有重要的出版物做证,都侧身于许多的学术活动与纪念展览中,是所谓"大开门""铁板钉钉"的作品,都有明晰的传承线索。于是,人们的决心可以下了又下,机构的资金可以投了又投,那些"有书为证"的作品这些年价格因此不断飙升。在当今的中

图2　彩墨画《捕鱼》。1960年前后，林风眠到上海、浙江写生，创作了一批农村与渔村题材的作品。其作品《渔获》于2009年春季香港拍卖中以1437万港元成交，创造了林风眠作品当时的最高纪录，继尔被人指证为赝品，至今议论纷纷。刊载于1979年出版之《林风眠画集》的《捕鱼》无疑是其同类作品既可信又超迈的作品，堪称经典

国文物与艺术品市场上，最大的风险不是买了贵的，而是买了假的。假的瓷器可以拿回家使用，假的青铜器可以回炉冶炼，假的古代佛像不妨碍今天的礼拜，假的书画可是卖破烂也换不回来几分钱。

林风眠作品收藏家中有令人敬重的。他们在其作品行情没有大起色的时候，依然固守着学术的疆界，保持着对于历史与未来的信心。林风眠作品在市场上也不是表现得一塌糊涂，只是差强人意而已。这种"月亮走我也走"的状态也有其自身的原因，这就是"群龙无首"，没有"领头羊"。中华人民共和国成立前，林风眠曾经因为战乱而倾家荡产。中华人民共和国成立后，林风眠又因为极左路线而一贫如洗。20世纪60年代初期，他有过短暂的喘息机会，但也是所得无几。其间的作品多数为上海的几家机构收藏，流入市场的只有几件馈赠作品。"文化大革命"以后，他定居香港，又因为困顿而忙于应酬。在他思想敏锐、意态纷披时，大小环境十分恶劣，不敢下笔。在大小环境已然宽松时，他又疲于奔命。晚年，他在旧亦不旧、新亦不新的状态中，真可谓风烛残年。生前他没有大部头的画册，更谈不上几可等身的全集，就是那几册身后出版的画册集子，虽然开本可观，但因为找人赞助而接受了私货，常为人诟病。

走市场的齐白石因为大人物与有钱人的定货而时有大尺幅作品问世。讲政治的徐悲鸿因为关注社会而时有重大题材问世。潘天寿、傅抱石、李可染、吴冠中因为赶上了各自的好时代而大笔挥洒。张大千、赵无极、朱德群因为在海外而随心所欲。只有林风眠捉襟见肘，虽声名远播却行情难起。这让人想起鲁迅先生的诗句：两间余一卒，荷戟独彷徨。

这是市场的无奈，也是历史的无奈，但我们不能止于无奈。

（《人民日报》2011年9月18日第8版）

黄宾虹：浑天厚土　清俊丰神

今年是黄宾虹先生（图1）诞辰150周年、逝世60周年，关于他的创作及其市场形态，大伙儿正热火朝天地讨论着。

黄宾虹的作品人称黑老虎，一般人看不懂，多数人不喜欢。学术界多数人对他评价很高，收藏界多数人视他为畏途，这两条平行线近年来似乎在靠近，却不知何时交会而成大观？

他是一座大山，峰峦叠起

黄宾虹是20世纪文博界屈指可数的几位大家之一。黄宾虹自幼喜欢篆刻，尤钟情于古代印玺的收集整理，也及古文字的研究。1955年3月25日，老人谢世，

图 1 黄宾虹先生晚年照

家属遵其遗嘱,将其作品及所藏全部书画、玉、铜、瓷、砖石等文物及手稿捐献给国家,其中古印玺便有893方。其出版的古印玺研究著作有《古印概论》《周秦印读》《古印文字证》及印谱等十数种。由篆刻而古印玺,由古印玺而古文字,由古文字而传统文化,寻找源头,寻找究竟,寻找底气,所谓大家气象首先是因为根底深厚而来的,黄宾虹即如是。

黄宾虹是20世纪出版界最具韧性的几大编辑之一。1907年,42岁时,黄宾虹被安徽巡抚衙门通缉,出逃上海,开始了几十年的编辑生涯。是年,他担任《国粹学报》编辑,同时为神州国光社编辑。第二年,他与邓实开始编撰大型画集《美术丛书》。《神州国光集》(后改为《神州大观》)是晚清民国重要的画刊,《美术丛书》每辑多达数百册,是中国近现代最为充实的造型艺术丛书。

黄宾虹是20世纪学术界最有远见的几大学者之一。黄宾虹5岁自主开始涂鸦式临摹前人作品,但在年轻时也只是业余喜好丹青而已。中年时到了上海,他一边编

图2 黄宾虹晚年作品《夏山欲雨图》。此作曾常年挂在张仃床头。虽无题无款,但系张仃先生1954年赴杭州写生时,黄宾虹让其挑选之精品。中国嘉德2010年秋季拍卖会"张仃藏画"专场中,以492万元人民币成交

着杂志与丛书，一边在故纸堆里挑拣；一边在艺术天地里徜徉，一边在大自然中寻觅，几尽探幽尽微之力。数十年，他节衣缩食购求书画文物典籍——自新安画派、黄山画派诸家到宋元名家、古印玺、古器物、前人文稿等，以求真迹，以求明证；数十年，他秉烛枯坐披览典籍文章——收罗文献，编纂书刊，著作等身，清点前人，以启后世。他因此而找到了中国书画的真谛，找到了中国艺术的真谛，找到了中国文化的真谛，具体而言，就是他所提出的"浑厚华滋"的美学理想与境界。

深入历史与直面现实产生的痛楚与清醒，让黄宾虹找到了振奋民族精神的艺术思想与道路，并以自己的创作落实了"浑厚华滋"这高标于史的美学理想与境界，黄宾虹从而成为中国近现代史上入云的一座精神丰碑。

黄宾虹终究是一位画家，其不朽之处，主要还是他的山水画。创作上，人们素以"齐黄"而将黄宾虹与齐白石并称。黄宾虹数十年壮游天下，十上黄山，五登九华，四临泰岳，访峨嵋、三峡、桂林、武夷、雁荡天下诸名胜，体悟造化神功；数十年临池挥毫，以画纪游，以画访古，以画求学，出神入化……

之所以称宾虹老人的出外写生为"壮游"，就在于他的对景写生与写生整理主要在他六七十岁期间，鹤发临风，自是壮哉。那些年，他四处游历，每到一处，即勾画速写，归来则以"纪游"之作总结。于传统，黄宾虹在精神上是"兼收并揽，广议博考"，在具体手段上则是"宁迂勿妄"。于自然，黄宾虹则警惕"凝滞于物"，重视写生，重视见识，重视"行万里路"之时的感觉，更重视整理，重视思考，重视"行万里路"之后的感悟。

1937年，黄宾虹应邀赴北平鉴定故宫书画，因日军南下，有家难归而困居古都十年。他终日"谢绝酬应，唯于故纸堆中与蠹鱼争生活"，其创作也就是与三五知己的互通声息。黄宾虹在临摹传统方面是下过深入而又长久功夫的，直到90岁亦未曾停止师法古人。不过，他对于古法的探寻，更多的是对于古风的承接，而不是面貌的再现，也因此，其艺术追求有如大江之水，充沛有力。

中国画特别是山水画到了清代、民国，已然衰落到了极点，而振兴中国山水画，一要储备深厚内功，二要

黄宾虹：浑天厚土　清俊丰神

图3　黄宾虹92岁时画赠章伯钧之作《南高峰小景》，2014年于北京拍卖时，自900万元人民币起拍，以6267.5万元人民币成交，刷新了艺术家的个人拍卖纪录

借助霸悍外力。黄宾虹自然有数十年修为之内功，又有对于西方艺术特别是西方现代派艺术的冷静审视，从而让后人从他那浑厚中看到华滋，看到中国画艺术的起于沃土，直抵苍穹。

他是一条大河，源远流长

黄宾虹是中国艺术品市场最为人关注的大家之一。

解放前，黄宾虹在上海和北京主要是靠教书、编撰书刊为生，篆刻、书法、绘画都不足以养家糊口。张大千的润格一年一变，齐白石的润格几年一变，而黄宾虹的润格几无变化。近30年来，中国文物与艺术品市场从无到有，几度火热，而黄宾虹是起了个大早，赶了个晚集，多年处在"慢热"状态。开始时，推崇他的香港收藏家将其价位定在齐白石、张大千、傅抱石之列，到如今，齐白石、张大千、傅抱石的画价大步向前，徐悲鸿、李可染、陆俨少等人也后来居上，黄宾虹的画价虽有了大的提升，但依旧是一流画家二流价格。

何以如此，人们在感慨世风不古之时，也认为有其自身的原因。一曰,满纸皆黑,曲高和寡。二曰,件件山头,题材单调。

在60岁之后,黄宾虹开始了从"白宾虹"到"黑宾虹"的转变,开始了从逸笔草草、空逸冷隽到浓烈凝重、墨黑透亮的转变。其时,黄宾虹因抗战烽火燎天,无计南归,四顾茫然,闭门著述,也检点过往创作。因此,我们可以说,黄宾虹古稀之后的创作突破,是精神困厄后的挣脱,也是冷静思索后的奋起,但是我们不能因此而说他"晚熟"。其实,古稀之年的黄宾虹无论是金石文章,还是山水画创作,都是独步一时、空谷足音的几位大家之一了。不过,无论是在上海这个民国孤岛,还是在北京这个故国古都,黄宾虹的绘画基本是在他自己设定的通道里向前推进,世风流俗,旧时颜色,他是看在眼里却不从之,所以在上海的黄宾虹画的画没有海派艺术的绚烂,在北平的黄宾虹画的画没有京派艺术的堂皇,即使从北平回到上海,又从上海回到杭州,得到故旧新知的热捧,他依旧是黝黑沉沉,几无喜色,毫不靓丽。他那些着色的作品,也只是淡淡的几笔赭石交代建筑的材料特点，在墨色里加点花青或石绿，说明是春夏景致而非秋冬季节。黄宾虹1924年修订润格时，启首即云："书画雅事，可索可赠；兴来挥洒，工拙不计也。"这说明，黄宾虹对于创作的态度是尽兴而为，对于市场的态度是可有可无。如此超然，近现代无几人。

从黄宾虹作品的构图看，虽然他不喜欢"清初四王"的"无一笔无来历"，但他从"四王"的作品中选择了构图，或者说，黄宾虹在构图上没有特别的在意。因此，我们不能回避这一点。值得注意的是，如果我们说齐白石的虾太多、徐悲鸿的马太多、李可染的牛太多，大概不会有人反对，但人们还是在那儿起劲地谈论着这些虾、马、牛，还是在那儿投入地争购着他们画的虾、马、牛。因此，我们不难看出黄宾虹不是构图缺乏变化，而是没有供世人一起谈论的题材，难得成为街谈巷议的热点，难得成为商品画、礼品画的热门。黄宾虹曾经提出过"五笔""七墨"，提出了千年中国画从技术到意韵、从生活到艺术的大课题，也因此，他舍弃了一些，这包括构图，还有他在题跋位置上的漫不经心等。

今年春节拍卖中，黄宾虹的山水画与书法长卷都创造了他个人作品的拍卖纪录，但还是在千万级上。虽说，在中国文物与艺术品市场处于强势调整状态中，这已属不易，但毕竟没有进入人们常说的亿元俱乐部。通过对以往黄宾虹作品拍卖纪录的分析，不难发现，与同为山水画家的傅抱石与李可染比较，黄宾虹作品市场表现差强人意的主要在上中价位区间。他没有作品过亿，千万级作品的数量只有傅抱石的1/3、李可染的1/2。这说明黄宾虹没有特别重要的作品进入市场，拿流行的话来说，他没有主题性创作。傅抱石的"大好河山"系列、"杜甫与毛泽东诗意"系列等，李可染的"祖国山河一片红"系列、"长征"等革命与建设成就系列与"为祖国河山立传"系列等都是顺应时代的主题性大创作，面世时即获得好评，若干年后进入市场，自然万众瞩目。而黄宾虹作品除了个别上款人地位显赫，绝大多数是他创作时的所思所想，那些画语录事关中国画的天下大计，却与眼前的芸芸众生几无关系。没有展开政治与社会话题的可能，也没有令人津津乐道的故事与传说，甚至想凑一个几条屏、形成一个团体气势都很难。所以单打独斗的黄宾虹自然热闹不起来。

黄宾虹说,我的画50年后会热闹起来的。黄宾虹1955年辞世,50年后是2005年,那年他的《山川卧游图》在中国嘉德秋季拍卖会上以638万元人民币成交,这是当时海内外黄宾虹作品成交的最高纪录。今年是黄宾虹诞辰150年,中国文物与艺术品市场果然借题发挥了。

中外文物与艺术品市场上,创造过许多的神话,有些依然铮铮硬朗,为人传说颂扬;有些则如泡沫般,慢慢地破灭了。其实道理很简单,就在于那些神话的起因与归宿是否非学术的或艺术的。

黄宾虹有天年,其一生学习不已,探索不已,唯恐"出脱太早"。我们跟随他探究中国书画的奥秘,探究中国文化的奥秘,甚至在中国文物与艺术品市场中经营他的作品。但只有不断地读书学习、锤炼笔墨并提升眼力后,我们才可能跟随其后,窥视或获得中国文化的清俊丰神。

(《人民日报》2015年6月21日第8版)

周思聪：热流奔涌　清荷空明

近几年，中国艺术品市场中，有一个让人难以捉摸的现象，或者说，有一个让人欲说还休的问题，这就是所谓"中国当代水墨"。

其耀目之处是，从纽约、香港到北京，"中国当代水墨"似乎是全球中国艺术品市场中新的收藏与投资热点，许多拍卖公司都为此设立了专场拍卖，且成交率很高，一些作品的成交额已然上亿，虽然境内外关于"当代"二字的理解有着较大差别，前者是学术概念，指"前卫""先锋"等；后者是时间概念，指"当下""现在"。

其诡异之处是，无论你多正式，无论你多热闹，无论你多冠冕堂皇，许多人还是不太相信那些个"中国当代水墨"专场什么都有人要的成交率，不太相信那些个

"中国当代水墨"什么价位也能上的成交额,不太相信"中国当代水墨"能够如"中国当代艺术"那样异军突起于世界艺术品市场之林,不太相信"中国当代水墨"能够不依靠国内礼品市场而成为中国艺术品市场的重要一翼。

不过,不少人都在认可、关注并推动着"中国当代水墨"中一个人的市场行情,这个人就是周思聪(图1)。她是当代最有成就、最有影响的中国画艺术家之一,她的水墨人物创作既有力地继承了徐悲鸿、蒋兆和开创的写实风格,又创造性地开辟了中国水墨人物画的现代风格与空间,并进而转入大写意花卉领域,开启一个凄婉空明的境界,从而奠定了承上启下堪为大师的不朽地位。周思聪艺术的历史地位已然得到了学术界、美术界的认同,而其作品的市场意义也正在普遍而强有力地苏醒。

那些年,她如热流奔涌

1939年1月,周思聪出生在河北省宁河县,4岁时随父亲迁居北京,小名叫宁宁。据她自己说,自小不爱说话,喜欢躲在角落里想心事。这是多数小女孩的天性

周思聪：热流奔涌　清荷空明

图 1　周思聪

与常态。

在中央美术学院附属中学读书时，碰上了1957年的"反右"与1958年的"大跃进"，周思聪糊涂了、忧虑了。同学说她，"那时你单纯得透明，后来就灰了"。政治上的反复与经济上的癫狂让年轻学子无所是从，本来晴朗的天空开始起雾飘霾，有些灰蒙蒙的。

1963年，周思聪从中央美术学院中国画系毕业，分配到了北京画院。她多次到工厂、农村、服务行业体验生活；"文化大革命"时，她被下放到南口农场，直接当了农民。创作上刚刚起步，一切的追求与活力似乎因为强大的政治运动戛然而止了？！

周思聪话少了，但思想似乎更活跃。她不是一个思想家或哲学家，也不是一个政治家或伦理学家；她不需要也没有必要经常考虑人类的命运与社会的发展，但是，她有着自己的主见与良知。在未来的岁月里，在中国社会面临的一些大风大浪中，作为一个知识分子、一个艺术家，周思聪有难得的稳笃与清醒，虽然她因此而难免忧心忡忡。

周思聪话少了,但眼光似乎更犀利。在未来的岁月里,在中国美术界一边吵着、一边走着的进程中,作为中国美术家协会副主席,周思聪是难得的平和而又执着。平和的是她关注但很少直接参加学术讨论;但是她以自己的关注表达了对于艺术的坚守、对于探索的坚守、对于年轻艺术家爱护的坚守,虽然她因此而觉得有些累,给年轻人回信时不知道说什么好。

周思聪话少了,但语言似乎更精练。无论是她与好友马文蔚的私人通信,还是她写的关于老师的回忆文章,还是她给艺术学子写的画册前言,都短小精悍,言之有物,情真意切,没有废话,没有腔调,也不怎么讲大道理,似乎是娓娓道来,但往往是一语中的。和她的学生与朋友聊天说艺时,话不多却很让人回味三思。

更重要的是,周思聪的话少了,其艺术探索的锋芒却更为尖锐,更为肆意,更为广阔,更为厚重,更加有意义,正所谓所向披靡。

她如同一方土地,地火在地下运行,热流在地下流淌,在寻找时机,寻找出路,寻找方式,也是在积蓄力量。

从"文化大革命"结束到去世,短短的20年,她在有些短暂的艺术生涯中,创作了一批又一批精品,开拓了一个又一个领域,留下了一个又一个关于艺术、关于中国画的或大或小的命题。

其实,周思聪是一个天才艺术家,或者说,她是为艺术而生的。无论有什么情况,无论有多大阻力,一旦她如地热般奔突出来,便一发不可收,一再地让人耳目一新。

初中毕业考高中时,父亲不让她学美术,把她关在家里。翌年,中央美术学院附属中学还是允许她当了二年级的插班生,因为她已经有美术作品在《光明日报》发表了。

大学二年级时,她有两件事令人刮目相看。一是她和同学随系主任叶浅予先生到河北省束鹿县深入生活,先劳动,后创作。周思聪最后交的作业题为《我病了》。在那个经常讲大道理、开始唱高调的年代,这件流露出个人感受的作品令叶浅予几十年后都没忘。他在1980年写作的《卢沉周思聪作品选集·序言》中说:"我们应该提倡这种有真情实感的创作构思。"另一件事是周思聪随李可染先生在北京颐和园写生,她的写生稿《颐和园一角》被李可染挑中,推荐参加了在奥地利维也纳举行的第七届世界青年联欢节国际青年美术作品展览会,并获得银质奖。

后来,她在时代与艺术的风潮里起起落落,创作了表现劳动人民的《售票员》《山区新路》等,表现先进人物的《长白青松》《井下告捷》,表现领袖与名人的《周总理和纺织女工》、《周总理会见印度医疗队》、《清洁工人的怀念》(与卢沉合作)、《鲁迅和陈赓大将》、《重返前线》、《焦裕禄》等。是对劳动人民的由衷敬仰,是对当代英雄的由衷敬仰,是对人民领袖的由衷敬仰,是对历史名人的由衷敬仰,其中的视角是仰视的,心情是感佩的。这个向上的角度,到1979年有了调整。那年,她完成了水墨画《人民和总理》(图2)。在当年举行的"建国三十周年全国美术作品展"上,这件作品获得一等奖。作品中,国务院总理周恩来和一群灾区农民感同身受,融为一体。这个对于领袖人物的平行视角体现

图 2　周思聪《人民和总理》

了那个时代思想解放运动的成果，也解决了周思聪内心深处的那份关于人际关系的纠结、关于历史与历史人物认识的纠结。作为人物画家，在中国，多数人有自己的人生观，却没有必要的历史观，更谈不上正确的历史观。有些从事人物画创作的艺术家，从他们的作品看，他们关于对象的表现也许是个性化的，但他们对于对象的道德与思想的认识却是人云亦云、随大流的；或者说，中国的人物画家们在表现对象时，往往在进入人物生活与心灵后，缺乏一个从中跳出的动作，缺乏对于对象的必要审视。周思聪在创作了若干件关于伟人与人民的作品后，在《人民和总理》中有了一个质的变化。因此，我们可以说，周思聪的《人民和总理》证明她不仅是以徐悲鸿、蒋兆和为代表的水墨写实人物体系的重要传承人，而且也是这个体系的发展变化的重要叛逆者。《人民和总理》因此而具有里程碑意义。

《人民和总理》使周思聪声名又上层楼，但也给她带来了创作上的困顿。《人民和总理》表现的是1966年邢台地震的事，从兹出发，周思聪没有继续其历史观的观照，以平视的角度来画一批领袖与伟人，而是从普通人的角度，从自然灾害到人为灾害，来表现人的苦难、人类的苦难，于是，她和丈夫卢沉想到了继续合作"矿工图"系列——时间：日寇侵华时，地点：地下矿道中——精神上是亡国奴的耻辱，肉体上是地下黑暗的压迫。因为各种原因，这个系列只完成了一部分，常见诸画册的有《王道乐土》、《人间地狱》、《遗孤》（图3）、《同胞、汉奸和狗》和一些矿工肖像与"思聪习作"。这组作品一出台便引起了强烈的反响。

在美术界，人们就作品体现的艺术手法展开了十分激烈的争论，周思聪曾经有几次专门应约写文章，谈到创作的原委与对于他人反响的反响。在《历史的启示——关于〈矿工图〉的创作构思》中，她说："我们一反过去惯用的构图方法，尝试在同一画面中表现不同时间、空间的物象，用错综复杂的幻影描绘出那惨绝人寰的场景，其目的不是为使人赏心悦目，而是要使人为之震动并深思。艺术形式的探求永远要服从于对内容的更深入、更有力的表达。"在中央人民广播电台接受访谈时，她说："后来《矿工图》画出来展出的时候，有很多人就看着不舒服，说你画的这人让人感觉很压抑，透不过气来。我说，'对了，我就是要这效果'"。画人物用变形手法，已经在西方流行很多年。在中国的明代，陈老莲笔下也不乏变形人物，所以卢沉、周思聪在创作"矿工图"系列时采用分割空间的手法，人物多有变形，既

周思聪：热流奔涌　清荷空明

图3　周思聪《矿工图·遗孤》

不是拾人牙慧，也不是赶时髦，而是真正出于表现对象、抒写情绪、突出主题的需要，甚至可以说，其他的方法都不足以体现其力度，达到其深度。

而在美术界以外，"矿工图"系列可是遭遇奇特。因为调子太低沉，"不能参加纪念建党六十周年的展览"，这个决策者大概不知道中国共产党是经历过腥风血雨的。因为视觉效果过于刺激，其中的个别作品甚至不能参加周思聪在日本的个人展览，而这个说"不能"的人不是日本人，而是我们的同胞。第二年，当日本人修改教科书、妄图篡改日本侵华历史时，《人民日报》的编辑找上门，要发表"矿工图"系列中的《王道乐土》和日本画家丸木位里夫妇创作的《南京大屠杀》。周思聪在给友人的信中尖锐地说："我听后，第一感觉是反感。这就是政治，彻头彻尾的实用主义。"如今，关于"矿工图"系列的一切争论似乎都烟消云散了。在中国当代美术史上，卢沉、周思聪合作的"矿工图"系列无疑是经典之作。其经典意义却是一句老话：一个艺术家应当是人类灵魂的工程师。特别是在我们这个精神追求让位于物质享受的时代和沉静被浮躁代替的时代，更应当强调他们在创作中所体现的不懈的人文追求与透辟的思想境界。

"矿工图"系列如日中天时，周思聪又开始了她的另外两个系列的创作，一个"彝女"系列，一个"荷花"系列。前者，是她承接"矿工图"系列，独立开始的社会性表达；后者，则是她因为疾病而被动开始的内省性陈述。1982年，她创作了《日出而作 日入而息》（图4），还有《戴月归》《落木萧萧》等表现彝族妇女的作品。在有些萧索的晚秋景致里，无论是老年人、中年人，还是小姑娘，基本是统一的木讷表情，且多数为负重而行。四川凉山之行，让周思聪突然改变了以往艺术家，包括她本人在内的去边疆找欢乐素材的习惯，她发现了凉山彝族女性头上的天空是凝固的，背负的重担是凝固的，脸上的表情是凝固的。宽大的衣衫下是粗壮的身躯，粗粝的脸上是呆滞的眼神，岁月的意义没有了，历史的意义没有了。周思聪发现了自己心中真正的痛，这痛必须得到表达。

这就是周思聪。她爱也深沉，恨也深沉；爱也深刻，恨也深刻；爱也激昂，恨也激昂。生活中平和的周思聪，

图 4　周思聪《日出而作　日入而息》

在艺术中，却是如此的激越。她必将因此而浩荡。

　　进入中年的周思聪为类风湿所折磨，严重时几乎不能握笔，因此有了她笔下那些"轻描淡写"的荷花。然而在中外艺术家千百年来反复吟咏表现的荷花上,周思聪又展开了一片天地。无论是她从李可染学习山水带进来的水墨晕染作品,如《一湖烟雨半湖花》,还是她借助矾水等特殊手段创作的斑驳迷离作品,如《自在水云乡》《绿雾》及统一标题为《荷》(图5)的系列作品,都是她心境的写照,都是她情绪的流露,都是她思想的痕迹,都是她的泪痕与血迹,都是那样的伤感,让人挥之不去。

因为疾病,她不得不放弃关于创作的构想。

因为时势,她不得不按捺内心奔涌的情绪。

于是,她选择了与世俗、文人、宗教都关系密切的荷花,来自我反省,来自我安慰,来自我解脱……到此,那曾经奔涌的热流,于天地间化为洁净的、深邃的一泓秋水,其中,开着不败的荷花,一片清凉。

1996年1月21日晚10时,周思聪因突发坏死性胰腺炎去世,享年57岁。

到如今,她如清荷空明

周思聪过世太早,所以她有许多的构想没有完成,

图5 周思聪《荷》

虽然她已经成就卓然。

周思聪身居高位，所以她有许多的责任没有完成，虽然她曾经全力以赴。

周思聪成名很早，所以她有许多的应酬没有完成，虽然她内心有些抵触。

周思聪离开人世近20年，对于她的研究虽然有着良好的基础，但没有完全展开，中国艺术品市场却接过了这份责任与工作。稳步攀升的价格，凝聚不散的人气，基本对路的选择……这一切说明，周思聪作品的市场行情展开是水到渠成，是理直气壮。

生活在我们这个新旧交替时代的画家是逃脱不了许多的纠缠的。1980年之前，周思聪的困扰是能不能画画，能不能自由地画画。极左思潮曾经极大地干扰着艺术事业的运行与艺术创作的展开。1980年之后，因为周思聪的明白且固执，加上大环境的日益宽松，真正的困扰主要不是政治上的粗暴干涉、思想上的一时茫然、创作上必然与偶然的难以把控，而是商业活动的干扰。某一个早晨，许多的中国人醒来突然发现，书画作品是可以收藏的，是可以换来金钱的，因此中国的书画家从那时起以至如今，承受着商业浪潮一波又一波冲击，承受着淘金者们一拨又一拨"叨扰"。

周思聪曾经年富力强，周思聪曾经脱缰而出，所以她首当其冲。开始是港台画廊与收藏家来大陆淘宝，接着是内地的领导、企业家与收藏者，周思聪明显高拔，无须发现，但是她的领袖人物政治色彩太多，她的"矿工图"系列过于压抑，"彝女"系列虽然有些伤感，但和当时影响很大的美国画家安德鲁·怀斯的怀乡情调相对应。可是让反复画她沾泪沥血创作的这类作品，周思聪是不情愿的。所以我们在市场主要看到的，是周思聪的"水墨人物"类与"荷花"类作品。她是蒋兆和的高徒，其水墨人物可以说是信手拈来；她是李苦禅的高徒，其写意花卉可以说是出手不凡。由写意花卉装饰的水墨人物，以其雅俗共赏的品格而成为了周思聪作品市场的基础。近年，这基础正在稳步提升。不久前，北京华辰拍卖公司鉴藏第 26 期拍卖中，周思聪的一批人物画稿虽然无款无章，但手笔坚实且松动，意象开阔且灵动，是真迹无疑。因此估价虽均为 1 万—2 万元人民币，但却得到了热捧，最终以数倍甚至几十倍的价格成交。之所以如此，就在于周思聪应酬画不应酬，功力与境界使然。类似的作品有《朝露》，2014 年中国嘉德春季拍卖中以483万元人民币成交。因为身体的原因，周思聪晚期的"荷花"系列一般是盖一姓氏章，少量的有穷款"思聪"，所以这一类作品主要从境界上来把握。不过，偶然得之与神来之笔难以分辨，收藏者、投资人自当谨慎。偶尔，周思聪为创作准备的一些画稿、构图或局部成稿也出现在市场上，这一类作品也许不完整，却十分有价值，无论是对于研究周思聪，还是学习美术史，皆然。收藏者万望珍惜。其《矿工图·同胞、汉奸和狗》的素描稿在2011年北京保利春季拍卖中，以1725万元人民币成交。其《矿工图·王道乐土》的另一稿（或称变体画），在2012年北京匡时秋季拍卖中，以1495万元人民币成交。这些，即是明证。

有些拍品是由"艺术家家属"提供的，有些拍品是"收藏自艺术家本人"的，有些拍品是由"艺术家当年赠送的"，有些拍品是当年与艺术家合作的境外画廊提供的，有些拍品是艺术家生前出版的画册或由权威机构近年出版的……这些，是周思聪作品的市场来源，都是成立的。

图6 周思聪《惠安女》

周思聪很少送人作品，其学生、好友很少有人收藏她的作品，但是年龄相仿或长于她的人则往往得到她以画相谢，特别是给她看过病的医生等。

周思聪不是特别爱惜自己的作品，每一次搬家，她都会交给帮忙的人"处理"一些东西，这些东西有可能就是成捆的画稿与"习作"。北京华辰第26期鉴藏中的24件周思聪作品即如是。周思聪的影响很早就得到境外画廊与收藏家的认可，她也在境外举行过个人展览，所以她的作品不时出现在境外的拍卖会上，且得到大家的追捧。

周思聪喜欢读书，但是她更偏向于现代文化，于传统的诗词歌赋似乎兴趣不大，也不喜欢写文章，所以她的作品上很少有长篇的题跋，标题也时文时白，有时甚至请友人出题，晚期的荷花作品几乎是一概题之曰：荷。

有成品、有习作、有画稿、有构思，少题甚至无题，穷款甚至无款，一二枚章甚至无章，展览不多，出版也少，子女年轻，门生不少，追慕者犹多……这一切，似乎都不利于周思聪作品的鉴定，所以最终只能落实在作品本身的质量如何。

周思聪毕业于中央美术学院附中、中央美术学院中国画系，其传统水墨功力与西画写实基础的修养都是十分扎实的，所以周思聪作品真伪鉴定的起点是功夫过硬与否。譬如说，作为女性艺术家，周思聪有细腻的一面，但作品中线条不拖泥带水，纯粹的中锋用笔；泼墨泼彩干净利落，绝无脏污；素描作品注重格局，不抠细节；除"文化大革命"前与"文化大革命"时的作品外，作品一般用色不多，素雅居多。用市场术语来说，周思聪没有行货。

没有行货，自意味着作品的格调高雅，周思聪的作品更有着某种神圣性。这神圣何在？

周思聪说："我的艺术被人们理解，我想这是我作为画家最感高兴的了。不是迎合换来的，而是共鸣。"卢沉说周思聪小品"不是为了应酬，不是简单的复制，每一张都有新的追求"。既不是被动应酬，更不是主动迎合，这是艺术家的品格，也是艺术创新的基础。

周思聪说："最近《矿工图》的第六幅——《遗孤》刚刚完成。我每画完一幅画，都像打了一次败仗。我没有别人所体验过的那种'胜利的欢乐'。多么想体验一次呵。"这种作品完成心情却不悦的状态，可能是因为作品没有达到自己预期的效果，也可能是作品已然完成却意犹未尽，也可能是创作如血战般耗尽、抽空了自己。

周思聪说："人生充满了苦难，往往它最震撼我的心灵，产生强烈的表现欲望。它不容我装腔作势，故作多情，只能老老实实诉说出来。"一个艺术家的心灵为人生的苦难、他人的苦难、人类的苦难震撼着，那些蝇营狗苟的伎俩、那些鸡毛蒜皮的利益、那些争风吃醋的地位、那些养尊处优的无聊等，就难以近身了。这境界只要拥有，何恐没有创造与成就！

标准是高昂的，态度是积极的，眼界是远大的，再加上天生的气质与天赋的才华，难怪语调平和的周思聪凛凛然不可侵犯，也可以断定没有从艺多少年大展、没有作品全集的周思聪在中国艺术品市场将正步前行，渐行渐远，进入莲花空明、曼妙开放的境界。

1985年的某一天，中国美术家代表大会在山东济南选举，周思聪"躲在招待所里，没敢去会场"，但是她以最高得票数当选为中国美术家协会副主席。

　　这些年来,中国艺术品市场风起云涌,亮点频出,热点时出……;中青年艺术家有的运筹帷幄、有的赤膊上阵,有的花样翻新、有的一意孤行,有的自吹自擂、有的借尸还魂,不一而足……。这么多年,周思聪的作品不温不火、不紧不慢,却是赢得掌声四起。何况她过世太早,遗作不多,相见时难别亦难。

　　在那些所谓的"中国当代水墨"专场中,有些是数十年来流行于中国画坛的写实水墨,作者依然健在,但近作几无思想的锋芒与艺术的探索。有些虽然不无思想的锋芒,但却是作者个人的私欲与一般的社会思绪,无关人类的命运与社会的进步。周思聪正是从历史与历史人物的深刻描绘走到对于人类共同命运的深刻追索,且以最为妥当、极富个性的语言表达之、揭示之……。她是当代的又是历史的,她是艺术的又是思想的,那空明的清荷一定会在中华文明的浩瀚湖面上永远摇曳。

(《品位·经典》2014 年 10 月 20 日第 5 期)

第四辑

风流篇

雨打风吹时

明朝酒醒何处

——关于亿元俱乐部的门槛及其他

对于中国文物与艺术品市场来说,刚刚过去的2009年冬季时如春天,四件文物与艺术品步入亿元俱乐部。为此,有关机构与人士自然觥筹交错,开怀畅饮。只是,这亿元俱乐部门槛有多高?天地有多大?却是值得探究的,特别是在这个人们充满期待的2010年春季拍卖会来临之际。

靠钱入室,依什么就位

简单来说,亿元俱乐部的进入只是因为这些文物与艺术品的拍卖成交价超过了1亿元人民币,不过,同是亿元拍品，却是有着些许区别的。

以1.6912亿元成交价位居第一的明代吴彬《十八应真图卷》构思奇绝，运笔遒劲，其中危崖高耸、水流湍急、古木参差、怪兽张扬、人物怪诞，自是美术史家所云"晚明变形主义"的重要作品之一。对于吴彬的创作，前人多有高评，海外评述充分，因其怪异奇崛而多年来为国内人士回避。未来，当内地学术评估跟上，吴彬作品的市场还会有较大的增长空间，乾隆皇帝的长跋与清宫旧藏的记录可以保证其真实性与史料性，而其艺术价值对于其市场身价的确立与提高无疑会推波助澜。

清代宫廷画家徐扬以成交价为1.344亿元的《平定西域献俘礼图》夺得亿元俱乐部的第二把交椅。这件长卷以纪实的手法，描述了乾隆二十五年正月清兵平定西域后，献俘馘于午门而"舞于羽，奏箫韶，治定功成，礼明乐备"的场景；殿宇规整，装点华美，服饰多彩，人物众多，场面宏大，当是研究清代历史，包括军事、外交、典礼诸方面的形象资料，也是研究清代宫廷艺术，包括绘画、建筑、服装诸方面的实物史料。虽然作者希

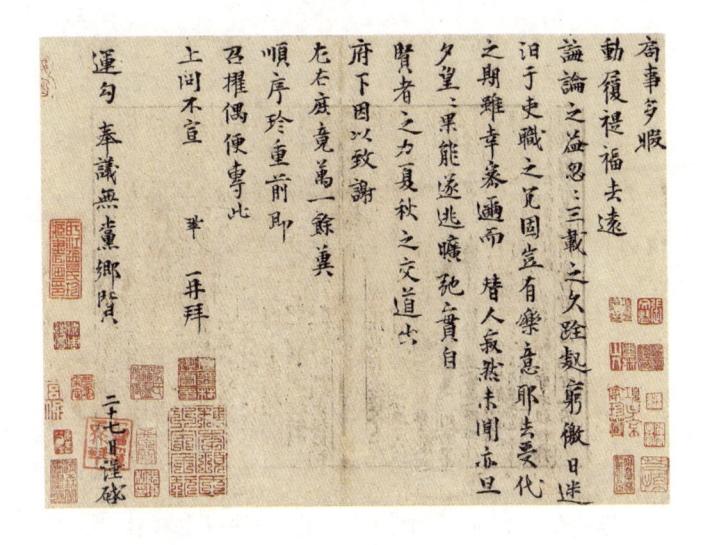

图 1　曾巩《局事帖》

望如阎立本般，"图画纪国家之事，垂于竹帛"。毕竟，只是一件纯粹"歌功颂德"之作，于学术有所价值，于艺术则流于平平，其市场价值会随着收藏业的发展而水涨船高，但对其投资前景不能作过高估计。

位列第三、第四的是宋代曾巩的《局事帖》（图 1）和包含有北宋人手迹与南宋朱熹遗墨的《宋诸名贤题徐常侍篆书之迹》（图2）。曾巩为"唐宋古文八大家"之一，"立言于欧阳修、王安石间，纡徐而不烦，简奥而不晦，卓然自成一家"（《宋史》）。朱熹是理学集大成者，位列孔、孟等儒学大师之阵。二人虽不是书法大家，但作为历史地位确定的文豪大儒，其存世手迹的学术价值、文学价值、艺术价值自不待言。中国是书法大国，中国艺术多以书法立身，因此，历代碑帖书法的市场空间有多大，眼前虽然难以确定，但无论如何应当充满信心。

进入亿元俱乐部的四件物品，一件以史料胜，三件以艺术胜。笼统而言，各有千秋，均为重器，但如果从未来计，所有者要有一个基本判断。这个定数既包括其市场前景的展现，更包括其学术价值的确立与艺术魅力的展开。从兹出发，我们也可以来反省过去、审视当今、筹划未来——中国文物与艺术品的经营与收藏，应当在清醒中推进。

靠钱拥有，依什么珍惜

其实，不仅是这些身份显赫的亿元俱乐部成员需要

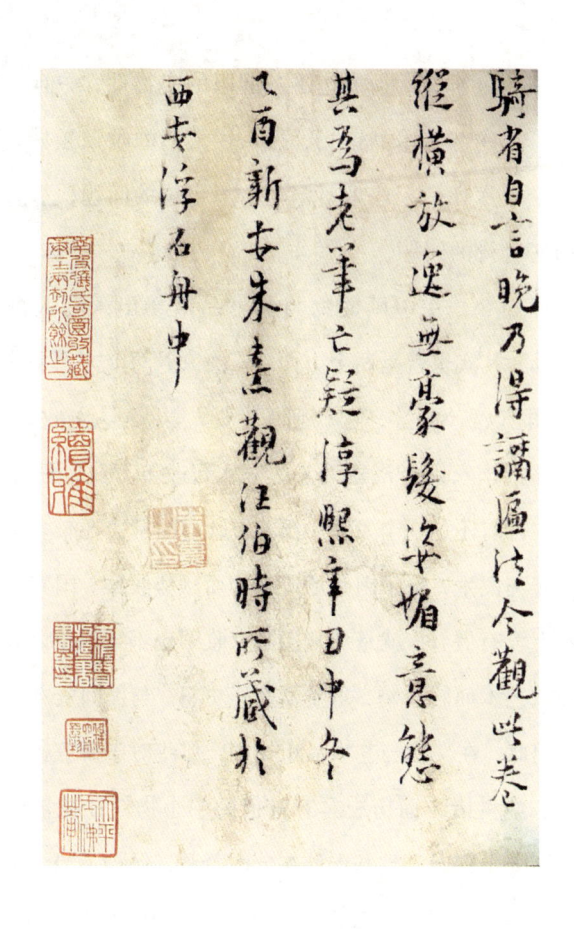

图2　朱熹、张景修等七家（宋元时期）《宋诸名贤题徐常侍篆书之迹》

这样细致分析,就是那些不甚起眼的小物件,一旦它们进入了文物与艺术品市场,进入了人们的收藏领域,都有一个学术评估、艺术鉴定与市场定位的问题,都有一个如何对待的问题。

现如今,在中国文物与艺术品市场出入的人数以千万计,其实也就是两个方面、三类人。两个方面是非公即私,而以私为主。三类人则是投资人、经纪人与收藏者。

我们国家以经济建设为中心实行改革开放,只有30余年,目前还是一个发展中国家,政府的精力还较多集中于起步与民生,除了因为场所装饰而顺势收藏,国家收藏基本上没有展开。就是那几次国家收藏也不无讨论之处,也即重艺术而轻文物,重重器而轻史料,与民间资本争市场。因此,在文物与艺术品市场中,那些对于研究民族、城市、学科诸方面历史具有价值的中小物件往往被民间机构与人士拥有,且基本处在分散零乱,保护不当,无从展示或展示不当的状态。因此,国家在财力不够的情况下,应当研究相关政策,确定适当策略,组织人力,加强研究,花小钱而多办事,好大喜功、摆谱逞强往往得不偿失,且招来非议四起。而民间机构的投入，多数也着眼于重器，着眼于那些博物馆级别的文物与艺术品。其中的一些机构也有了建立博物馆的说法与举动，但是从他们的行为中可以看出：对于博物馆的性质、意义、功能，特别是对于博物馆的运作日常性、藏品的系统性、展示的学术性、收藏的科学性等方面，以及研究方面的配套，他们缺乏起码的了解与充分的计划论证，缺乏长期投入的心理准备与物质准备。正是这种公私机构收藏的取向不明导致了这些年来中国文物与艺术品市场的运行无序与反复调整。与市场休戚相关的民间机构会通过市场而得到修正，国有机构有关行为的冲动性、被动性与非计划性应当得到改正，自是不待言说的了。

偶尔出手的国有机构可以忽略不计，中国文物与艺术品市场中的三类参与者以投资人最威风、经纪人最活跃，收藏者虽说是人数众多，却了无声息。

在号称8000万之众的中国收藏队伍中，多数人是几乎零增长的集邮者。他们以微薄的资金实现着自己的收藏爱好，以营造自己的致富梦想，但是印量巨大的普通邮票、零消耗的纪念邮票和如蜗牛般提升价格的特种邮品让他们失去了话语权。他们拥有了，却找不到珍惜的理由。

他们有一定的知识准备，有相对稳定的客户群，他们走南闯北，四处奔波，他们是中国文物与艺术品市场中最为活跃的部分，他们就是内地与港澳台地区的画商、古董商。他们中的多数人为客户提供优质服务，包括充分的市场信息、准确的收藏知识、令人信服的价值评估与前景预测。客户的利益就是他们的利益，他们对客户负责，但他们对市场不负责、对学术不负责、对历史不负责，他们很少拥有，也就无须珍惜，或者说他们的拥有是暂时的，还没有考虑到如何珍惜。

人们常常感慨，中国还没有真正意义上的收藏家，因为那些在中国文物与艺术品市场上一掷千金的人士都是投资人，而不是收藏家。这主要体现在：在收藏意向上，他们以赢利为终极目标；在投入期限上，他们以短期为主、中期为限。因此在西方，优秀文物与艺术品常常是拍卖后即石沉大海，而中国文物与艺术品市场上比比皆是的现象是：香港买了，大陆卖；今年买了，明年卖；丈夫买了，妻子卖……其实，他们中的一部分并不差钱，甚至有人不需要以此赚钱，但是他们经不起经纪人的劝导、拍卖公司的游说与市场的诱惑。重要的原因之一，就是他们拥有了，却没有理解，甚至没有享受。他们与那些闪烁着人文光辉的千古之物没有建立起难以割舍的感情，他们还没有体会出那些艺术作品徐徐散发的美的气息，他们还没有知会其中的玄妙与清逸、其中的凝重与尊贵，因而也就不懂得珍惜。

大家为中国文物与艺术品的繁荣而喜庆有加，大家为自己的藏品价值年年增长而沾沾自喜，有多少人在秉烛夜读？有多少人在虚心讨教？有多少人在小心求证？买而不理、藏而不知、出而不惜的现象表明中国文物与艺术品市场在学术方面的进展有限，如此常酣微醺，真得有人提醒：明朝酒醒何处？

(《人民日报》2010年3月28日第8版)

疏影横斜　暗香浮动

——文房清供的形态与行情

当代中国文物与艺术品市场之所以时不时地在某些方面让人似懂非懂，就在于其经常性地既不受外界经济大势的影响，也不完全按照有关人士的意愿与安排，似乎任着它自己的性情……其中，也许有着我们尚未把握的规律。这，在中国文房清供的市场形态及行情运作方面表现得尤为突出与充分，让人有探讨的愿望。

疏影横斜下，水清水浊

本来，在中国文物与艺术品中，文房清供是品位高企的。所谓"供"，即供奉，作为名词自然是圣洁高贵之物。所谓"清"，可以是清雅不俗，可以是清秀不糙，可以是清逸不浊，可以是清静不闹，可以是清晰不乱，可以是清爽不繁，也可以是清心寡欲。所以所谓文房清供，其本来含义是文人书房中那些表达文人高雅气息与悠然古意的物品，如前人书画、钟鼎彝器等。

贵为天子的皇帝及其武将除了战时的勒马横刀，还有和平年代的休养生息，所以他们也有自己的书房，也供奉一些清品。只是，因为一时找不到那么多清品，或者是其个性随着时光推移也会在他们自己挑选的文房清品中体现出来。武将会把他们的一些战利品供上，或者把皇上的褒奖之物供上，或者把他们武行的图腾供上。由关老爷到各方神圣成了这些人士的清供之物。而皇帝，拥有天下，自然会在自己的书房中体现自己的气势与富有。于是，臣子为之四方寻找奇石宝玉，天下的巧匠为之极尽鬼斧神工……久而久之，皇帝文房里供奉的物品"清"气消退，"贵"气弥漫，"霸"气十足。乾隆皇帝供奉晋代王氏一门三部法帖的三希堂也是堂皇近腻、富贵近奢。充溢着魏晋风度的王氏三帖完全被笼罩在金碧辉煌的皇家气象之中,几无儵然中和的天神风范。

随着时光推移,随着资本的相对集中,在皇上与官吏之外,有了纯粹的有钱人。这些有钱人在完成资本原始积累之后,必然产生精神方面的需求,必然要拿出一定的空间来,在算账之余舞文弄墨,无论是附庸风雅还是真有追求。在他们的眼里,清供可能过于寡淡,文人气息不符合他们的骄奢口味,所以一些文房清供被镶了玉、镀了金,有了财神、送子观音,有了"马上封猴""日进斗金""长命百岁"等世俗理想。

至如今,多年的和平生活与经济发展,许多人有了自己的书房,书房中也有些摆设。这些摆设有些是文化的,有些是世俗的;有些是传统的,有些是现代的;有些是本土的,有些是外来的;有些是自然的,有些是人工的……但大多与"清气"无关,总的来看是有些乱,包括低俗的、粗糙的,但更多的是伪劣的,也即对传统的仿制,对名作的缩微,对历史风神的牵强附会;低劣拷贝、粗制滥造的情况比比皆是。

与此同时,在文人的文房中,那些传统意义上的清

疏影横斜　暗香浮动

图 1　御制料胎画珐琅西洋母子图笔筒。在 2007 年秋季拍卖会中以 67,527,500 元人民币成交。双方框"乾隆年制"楷书刻款。笔筒四方委角，平足，涅白料胎上绘珐琅彩，四面对称卷草纹，内绘一婴孩依偎在母亲怀里倾听，背景为西洋建筑，口沿及近足处饰花卉纹一周，四面委角处绘蓝地饰蝙蝠草纹。被认为是乾隆时期料胎画珐琅器中的代表作之一

供，书画已然独立，钟鼎彝器已然分化，取而代之的则是文房四宝及其辅助工具。用于写字、画画的笔被文人在笔杆上留下了图案与纹饰，被贵人把竹竿换成了玉的、

瓷的、剔红剔黑的，被商人在竹竿上镶玉镶金；墨上有文化人的诗词隽语、逸笔草草，也有贵人的豪言壮语与家国纹样，也有商人与老百姓的富贵长生理想；纸上的那些隐性图案与显性花式，除了皇家的金线龙纹，大多是文人的小写意作品；砚台更是花样繁多，题词画画，着意雕刻，意态纷繁。这种雅俗共存的现象自然也体现在那些文房辅助工具材料方面，包括与笔有关的笔筒、笔挂、笔架、笔洗等，与墨与颜色有关的墨床、套盒、调色套盘等，与纸有关的镇纸、镇尺、臂搁、裁纸刀等，与砚台有关的水注、砚屏、砚滴、笔舔等，还有印章、印泥，进而扩大到鼻烟壶、家具等。

由之考察现今中国文物与艺术品市场中的文房清供，可以说清浊皆有，但浊者居多；且清者不清，浊者尤浊，相关的学术研究与批评基本缺席。因此造成了——

暗香浮动时，月隐月现

文房清供的精神气质本应是"疏影横斜"之下，"水清浅"之上，"月黄昏"时的"暗香浮动"，但在如今的中国文物与艺术品市场中，特别是在那些以"文房清供"冠名的拍卖专场中，却是清香几缕，浊气阵阵。

齐白石的印章本是天作之物，这些年得到了市场的追捧自是理所当然的。但是西泠印社许多名家的重要作品却输给当世一般篆刻家的要价，这无疑是令人不堪之事。特别是一些篆刻作品因为用材不佳而遭冷落，而一些题材庸俗的石雕、木雕，特别是玉雕作品，却被人为地抬到不应有的高价，正说明了收藏者与市场的不成熟：重材料轻内涵。

顾景舟与吴湖帆合作的"相明石瓢紫砂壶"，与顾珏刻的竹高浮雕山水人物图笔筒（图2）分别以千万元高价成交，成了同类物品的领头羊。但是和清代那些官作的文房用品比较，却是小巫见大巫。那些打着官窑名款的文房用瓷，那些从用料硕大体现为皇家物品的玉石文具，其成交价，高者为文人作品数倍，低者也多高于其均价。有专家建议，在文房清供收藏方面，要特别重视官窑。从投资的角度看，此言不差，而从市场的长足发展计，从文房清供的文化积累与创作发展计，却是短视，缺乏后劲，缺乏高度。像这样重工艺轻艺术的现象是比较严重的。

实际上，文人气息也有清浊之分，其掌中摩挲的，有雅玩之物，也有低俗之品，譬如说鼻烟壶。本来，鼻烟壶是实用之物，经文人与工匠的合作，材料上是应有尽有，工艺上是精益求精。它终归是与不良生活嗜好相关的物品，包括那些不无境界的内画，终受其天地狭窄拖累。但在市场上，鼻烟壶却是被人重视的一翼，屡屡成为市场热点，而那些文人投注了才思与情怀的砚台、臂搁诸物，却难以出人头地。这雅俗不分的毛病体现在文房清供方面，却是有些格外刺目。

当然，在文房清供方面，市场的最大缺憾与书画、瓷器一样，也是赝品不少，令人举棋不定。一是作旧，新纸新墨作旧、老纸拼接、新料仿古等；一是作伪，如在老砚台上伪造名人题款，在老臂搁上补刻名匠落款，以礼品墨充实用墨出售，仿制名家篆刻和名人用印等。甚至有人苦心孤诣，经多年运作，以整体的方式，伪造收藏名家后人出货或国外贵族世家转让，把一般古董商

疏影横斜　暗香浮动

图 2　清康熙竹高浮雕山水人物图笔筒，在 2005 年春季拍卖会中以 11,405,600 元人民币成交，创下竹雕笔筒拍卖的世界纪录。此件作品雕刻精绝，以花梨木作为笔筒的边缘及底部。作者顾珏，字宗玉，嘉定派竹刻名家，一反平淡天然的传统竹雕风格，转向精雕细刻，自成一家

人抬举成收藏大家等，而一些拍卖公司还佯作不知地以专场与专题的方式推出。

虽然身份不纯，虽然良莠不分，文房清供毕竟是以独立专场的形态出现，毕竟有作品成就了不菲的市场行情，这说明传统文化中的文房精神得到了一定的重视，有所弘扬，这已经是不小的历史性跨越，理应得到欢呼与支持。但愿中国传统中的诗性文化如月色中的梅花清香，徐徐送来，不绝如缕。

（《人民日报》2010年8月22日第8版，与周悦群合作）

雅而俗　小而大

——美术类出版物的形态与行情

几年前,近现代出版的美术类图册还只是纯粹的读物,还只是文物与艺术品的著录所在,不在拍卖业的"古籍善本"之列。再往前,它们或堆在书房、画室内的某个角落,不甚起眼;或在旧书摊上成捆成摞论斤出售,价格低廉;有的甚至在废品收购站中随意码放,等待送往造纸厂重新化作纸浆。因此,许多精美的、发行量不大的图册品种就此绝迹,现在想来,甚是遗憾。

也许是风水轮流转,曾几何时,那些美术类图册被人从废品站转移到了旧货摊,又从旧货摊转移到了旧书店,更有些被人另眼相待,转移到了拍卖公司的古籍善本拍卖专场,身价由此而不凡,个中原委自有探究必要。

雅事缘何变俗

本来,在中国人的传统里,书籍是第一珍惜之物。小时候,父母教育孩子,除了"书中自有黄金屋……"这类顺口溜,还有"书乃圣贤之物"的古训。在书刊收藏市场中,一直有"一页宋版一两金"一类的提示。因此,美术类图册如书一般,自然是文雅之物,即使置身市场,也还有着某种神圣性。

同时,因为美术类图册印刷的成本非常高,是一般出版物的数倍,甚至更高,所以一般人是不会随便去买一本什么美术类图册的。于是在相当长的一段时间内,美术类图册难以进入寻常百姓家。

从前,美术类图册很少,书法方面是极少量的拓本,绘画方面则是十分简单的线描读物,木版水印套色的有明崇祯年间的《十竹斋书画谱》与清康熙年间的《芥子园画谱》。前者是我国最早的木版套色印画谱;后者又称《画传》,流行甚广,被誉为我国传统绘画的教科书,许多艺术大师都是从这套画谱走上从艺之道的。现在，它依然是中国画艺术方面最基础的蓝本之一。

石印技术在清末民初传入我国，有不少线装的石印画大都是在这个时期印行的。那时，中华书局、上海广益书局、上海朝记书社、扫叶山房北号、同文书局等都曾出版过不少石印画册。

照相术的问世给出版业带来了革命性的变化，电脑的出现更是给出版业提供了飞腾的力量与天地，其中受益最大的莫过于书画文物等图册类的出版。珂罗版自光绪年间由日本传入中国，成了中国画复制印刷的主力工艺……现在，美术类图册的出版成了一件越来越容易的事情：它们是书画家成就的显现，艺术流派风格的展示，艺术团体实力的体现，国家组织相关活动的总结，机构举办相关活动的记录，文化公司商业运作的载体，也是某些小人争名夺利的大旗，某些奸商暗度陈仓的栈道……于是美术类图册因各种原委以各种方式问世；有的是高台，有的是陷阱；发挥着各自的作用，产生着各自的影响。

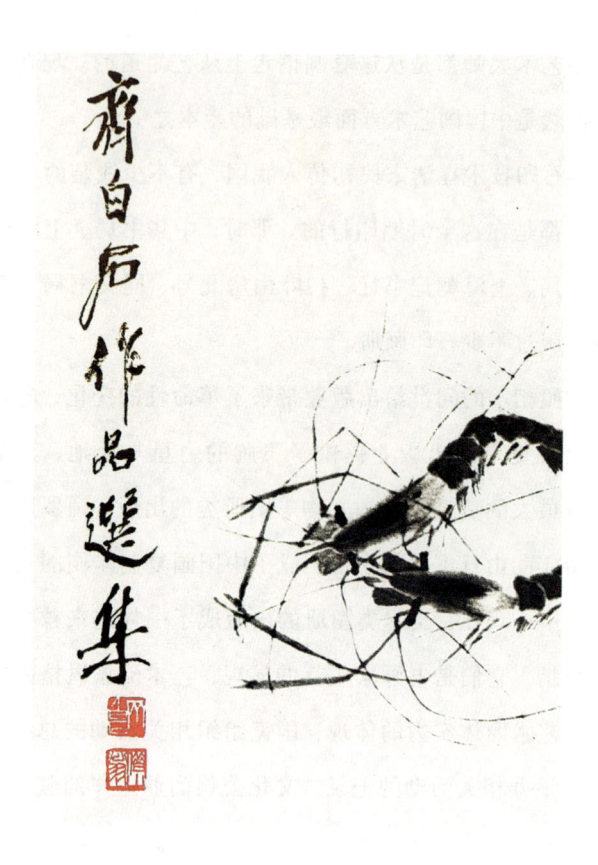

齐白石画辑六种，纸本六册，大小不一，图为其中一封面。上海朵云轩 2007 春季艺术品拍卖会珂罗版文献专场中以 12.32 万元人民币成交

这几年，美术类图册作为书画艺术的延伸，作为文物与艺术品的佐证，受到市场眷顾的同时，也难免沾惹上了一些俗气。那些艺术家的专集有的成了私心无限放大的膨胀体，"艺术大师"充斥其间，顶级词汇大量批发。那些艺术流派的合集有的成了乌合之众的集结、低水平作品的大杂烩。那些艺术团体的合集有的成了一群艺术家应酬作品的集合，成了粗劣艺术的垃圾箱。那些打着国家与机构名义组编的图册有的基本与公无涉，而是某个赞助公司所得的收藏集，或者是某些人士的骗钱术。那些公司为了营利运作的图册有的在学术的外衣下，以次充好。而那些不法商人与无耻小人编著的图册几无学术可言，甚至就是非法出版物。但是这些美术类图册在文物与艺术品市场中，正以历史见证物的身份为人们所重视，私下印制品成了公共读物，凑合之物成了艺术范本，商业行为成了学术举措，雅已不存，其俗甚大。同样以学术的名义、以艺术的名义、以历史的名义编纂印制的美术类图册，其质量好孬其实有着天壤之别，因此，笼统地依据之、高抬之，且为之一掷千金，未免有些糊涂。

我们有必要呼吁出版业严格把关,呼吁学术界加强批评,不能让那些俗不可耐但装潢高档的美术类图册把热爱艺术的人们带到沟里,进而把收藏界人士推向深渊。

小事缘何变大

和身价高昂的艺术品比较,美术类图册可以说是附属物,其价之微不必言说。和历史悠久的文物比较,美术类图册只是说明书、技术的再现,其质之轻也不必言说。然而随着文物与艺术品行情的走高,其市场逐渐被人们看好,在水涨船高之际,却也惹出了一些"大麻烦"。

美术类图册已经成了拍卖场上的一个品类,一些人士已经成了美术类图册的收藏家,一些拍卖公司开始举办美术类图册的专场拍卖会,这在文物与艺术品市场渐次繁荣的当下,都是正常的。但在这一片繁花之下,艺术品市场中原有的造假"暗流"也在其下泛滥。

在拍卖中,特别是那些在艺术家个人名义集合的一堆美术类图册中,就有私下印制的出版物,就有学术价值低下的出版物，就有赝品夹带其中的非法出版物。有人将权威出版物中的某一页抽掉，并把赝品拍摄制作后插入原来的位置，还故意制造因为长期翻看后而产生的破旧效果。这种做假手段一般都是为了给伪作"正身"。鉴别方法本不难，可以到书店或图书馆找同样的画册进行比对。但造假者往往将目光放于年代较久的近代画册上，与其相同的画册难以寻觅，已然绝版，几成孤本。这便对藏家眼力的考量要求更高，需要全面的专业知识去洞察秋毫，面对的不仅仅是单幅作品，而是整个画册语调、语境的连贯和自然。

在拍卖公司提供的图类中，经常引用某些美术类图册的专家评语，不过，那些被引用者却是一些出版社与人合作出版的，那些书号几万元即可买到。付了钱后，那些出版社对画作真伪的审查是睁一只眼闭一只眼，对评述的公允对错不置可否。如此运作后，伪作便成了正品，炒作便成了公论。所以一些收藏家感慨，艺术家出世以后港台出版的作品集大多不可靠，内地 2000 年后出版的画册一定要从严把握。

不久前，有朋友拿来几件当世艺术家的作品共赏，观之有异，朋友又提供有关的图册，依然有异。请相关艺术家过目，答曰：与本人无关。与相关出版社联系，答曰：与本社无关。又想起好多年前看到的一件已故名家的作品，提供的著录为北京某国营进出口公司20世纪80年代印制的年度挂历原件，作品有些许疑点，年历却是难断真伪，那家进出口企业几经改制无处寻找，所以只能听任市场了。最终，这件作品多次出现在市场中，价格忽高忽低，人称"有名的假画"。

更应警惕的是，有可能有人借用当年的美术类图册为母本，伪造已经失传的文物与艺术品，骗取钱财，搅乱市场。

把次的说成好的，把假的说成真的，把新的说成老的，这事儿却是大了。所以有必要呼吁收藏界谨慎凭借，呼吁拍卖业谨慎引用，当然，参与文物与艺术品收藏的人们都应当多读书、读好书。

虽说同样沾染了市场的浊气，但美术类图册作为一种对时代的评说，其巨大的信息量和历史沧桑感是寻常作品无法企及的;其包含了艺术家的自我定位和对平生创作的回眸,拍卖市场波澜起伏的风云际会,以及历史对文物与艺术品价值的肯定和赞赏。但愿后人能续绘这绚烂与平淡的共同合成,并载记艺苑,传承大雅。

(《人民日报》2010年9月5日第8版,与周悦群合作)

因善而藏　因藏而读

——关于古籍善本的形态与行情

17年的中国拍卖史，同样也是17年的古籍善本拍卖史：1993年，古籍善本在中国嘉德首拍；同年9月，首次书刊专场拍卖在中国书店进行；1998年，全国唯一一家专营古旧书的拍卖公司——中国书店海王村拍卖公司成立……在爱书藏书的人们为这诸多的"首次"而踌躇满志，为这些年的古籍善本逐年量增价涨而喜不自胜之时，我们也应当冷静思考古籍善本市场那些新旧问题。

善本何来善之名

善本，好书也。笼统来看，只要是珍贵难得，内容精美的古书刻本、写本均可称为"善本"。

印刷术发明之前，书籍大都是写本，将原稿或别本缮写下来，与原文校核无误，便为善本。唐以后，雕版印刷术得到应用，书籍便有了"版本"一说；虽为后人考证加大了难度，但也给善本的收藏增添了诸多趣味。

版本出处的不同，收录文献的多寡，校勘的精劣，印刷（缮写）质量的高低，出版时间的早晚等，就让古籍有了足本与残本、精本与劣本、古本与今本、孤本与复本等方面的差别。在扩大了善本内涵的同时，历代的学者、藏家也对其标准有了不同的定义。其中，清末张之洞解释善本之义有三：一曰足本，无阙卷，未删削；二曰精本，精校、精注；三曰旧本，旧刻、旧抄。拿现在的话来说，就是文献性、技术性与艺术性。随着收藏市场的发展扩大，善本的时代下限有几种说法，有的坚持乾隆六十年，有的则宽泛些，甚至延展到1949年，在各个拍卖公司的"古籍善本"专场中，年代的起止谈不上什么规定，可以说是从古到今。当然，什么好卖就卖什么是市场规则，但是从学术的角度来说，善本的定义还是从严为上。

特定的历史环境赋予了不同年代的书籍独有的风貌品格。一页宋版一两金,宋代刻书将唐代褚、颜、欧、柳等诸位书法大家的字体运用于刻书之中,在将楷书推至高潮的同时也给予了宋版书端庄凝重的精神气质。此外,其稀少的存世量也决定了它价格的高昂。元版书秉承南宋遗风,形成了黑口、赵字、无讳、多简的风格特点。"黑口"指中缝线上下两端的墨印黑条,"赵字"指刻书用字大多模仿赵孟頫的字体,"无讳"指书中不见因避讳而少笔多画或借用它字的讳字现象,"多简"指多用俗字、简化字。明代刻书分早、中、晚三期,风格不尽相同,早期"黑口赵字继元",嘉靖时期开始"白口方字仿宋",万历之后则是"白口长字有讳"。

清以前出版并存世的虽有不少善本,可大多被藏在国有图书馆、博物馆里,不可能出现在市场中;少数在海内外私人藏家手里,也轻易不会出手,故市场上可见的大多为唐人写经、宋版残页。元、明、清前期古籍乏善可陈,大量的是清中后期与民国书籍,更得让人沙里

因善而藏　因藏而读

图1　2000年4月28日,"常熟翁氏藏书"共计80种542册以450万美元的价格转让入藏上海图书馆,其中有宋刻本12种、元刻本4种、明刻本12种、清刻本26种、名家抄本稿本27种。其中宋刻本《集韵》《邵子观物内外篇》《长短经》《重雕足本鉴诫录》《会昌一品制集》《丁卯集》《施顾注苏诗》《嵩山居士集》等均为海内外孤本

淘金。清初善本多有明代遗风，字形长方，横细竖粗。根据出版方不同大致可分内府刻本、官刻本、坊刻本、私刻本。至康熙时，字体开始变化，多用始于唐宋、流行于明清官场科举的"馆阁体"。至嘉庆时，已然失去了前人刻本那种舒展圆秀的雅气，而变得呆板失神。民国时期的图书出版量极是可观，内容丰富；且距今年代较近，流失损坏较少，因此价格也较低，但其中也不乏精品。

因此，所谓"古籍善本"拍卖主要还是古籍拍卖，而看不到几本善本；但在各个拍卖公司有关专场拍卖的图录中，随意拔高地位、任意扩大影响、肆意填充内涵、故意导人遐想的评语可是比比皆是。更可笑的是，一些评语还在各个拍卖公司的图录中抄来抄去。学术评估几乎缺席，这对于以学术见长的"古籍善本"市场来说，其危害几乎是灾难性的，理应得到有关人士的高度重视。

买书多非读书人

在仰望古籍善本飙升的价格时，我们有些好奇，都是谁在拍卖场中买书？买回去后，他们读书吗？

近来，古籍市场可谓佳绩屡创；今年春拍中，中国嘉德成交4579万元人民币，北京保利成交3050万元人民币，北京翰海成交1108万元人民币……那些今年几万元、明年十几万元、后年几十万的古籍善本可以说是已非潜心问学的人士可以问津的了。但是当一些古籍进入家庭，成了一些人士的藏品时，人们又到哪里去拜读呢？如此看来，有关机构理应在这方面多花一点纳税人的钱，不应让对大众开放的图书馆里充斥着没有经过时间淘洗、空间置换与人类精神再创造的读物，那里面可是泥沙俱在！

与早已进入"亿元俱乐部"的书画、瓷器等门类相比，以千万元计价的古籍善本似乎更适合于初涉收藏界的"小学生"们。许多拍卖公司也借机牟利，几册书页本来就值几万元，经过自炒、自拍、自买，再炒、再拍、再买，几场拍卖下来，价格立马翻番。而那些初学者不明其中门道，见有利可图便进去凑凑热闹，结果却是交了学费，因此也给本应清气十足的古籍善本市场惹来几

图2 清乾隆五十六年版的《红楼梦》一百二十回，是《红楼梦》成书后的第一个印刷本，世称"程甲本"，可谓红楼梦印刷体"祖本"。目前此版本仅国家图书馆（八十回不全版本）、北京大学、中国社会科学院存有，传世量极少。2008年11月11日在中国嘉德秋季拍卖会上以212.8万元人民币成交

分铜臭。

哪怕买书者不是读书人也应当懂得去欣赏古籍善本作为书本的固有价值。与那些看一眼就知道美的摆件不

同，古籍善本之美则是间接的。它的艺术价值是它立于收藏界的基石，它的文献价值让它成为研究古代社会的重要资料，它的版本价值赋予了其自身独特的收藏趣味。因此，藏要翻、藏要读、藏要考证。

　　本来，在中国人的传统里，书本是第一珍惜之物，也应是第一善待之物。但是，在市场的浊气里滚了几回，上面所载的大智慧仿佛也暗淡了些许。冗繁去尽留元气，不论怎样，或迟或早，书籍仍会回到它高雅纯正的千古因缘里：因善而藏，因善而读，方能因善而传。

　　（《人民日报》2010年9月26日第8版，与周悦群合作）

一抹红云　千古清音

——关于鸡血石的欣赏与收藏

青田石、寿山石、鸡血石，号称"印石三宝"，细说则是青田石中的灯光冻、寿山石中的田黄与鸡血石。鸡血石因其血色鲜艳、质地温润，被冠以"印石皇后"的称号，自古为人所珍爱。鸡血石的开采始于宋代，作为印章用材则始于辽代，盛于清代乾隆年间，至今已有千年历史。

1972年9月，中日恢复邦交正常化，周恩来总理馈赠来访的日本首相田中角荣一对昌化鸡血石印章。此后，日本人来华多采购鸡血石，鸡血石热潮由此而及港澳台及东南亚地区。如今，随着中国经济的发展、艺术品市场的兴盛，鸡血石亦毫无例外地成为人们关注的热点，但随之而产生的价格飞涨，赝品充斥，也几乎到了令人瞠目结舌的程度。

一抹红云俏天下

我国古籍对鸡血石的记载不多，《浙江通志》提到："昌化县产图章石，红点若朱砂，亦有青紫如玳瑁，良可爱玩，近则罕得矣。"

清代的康熙、乾隆、嘉庆等皇帝十分赏识昌化鸡血石，将其作为宝玺的章料。据说乾隆皇帝南巡至天目山时，赐当地一寺庙御笔木刻《心经》一卷。住持感激万分，进献8.4厘米见方、高15.2厘米的鸡血石印章一方。乾隆如获至宝，将它刻上"乾隆宸翰"，经常钤盖于书画作品上。

对于鸡血石，民间传说更精彩。在浙江昌化流传着一个动人的故事，古时候，玉岩山一带连年蝗虫为患，瘟疫流行，百姓叫苦不迭。一对凤凰降落在玉岩山，消灭了蝗虫，驱散了瘟疫，让当地重回安宁。可是不久，

图1 鸡血石大红袍对章，北京华辰拍卖有限公司2011年秋拍中以1150万元人民币成交

玉岩山飞来一只恶禽，名曰"鸟狮"。一日，鸟狮见凰正在孵蛋，顿生恶念，发起攻击，毫无准备的凰被鸟狮咬伤。凤闻讯赶到，与凰联手，战胜了"鸟狮"。凤凰虽然胜利了，但凰鲜血直流，染红了玉岩山。这种由血点染成的石头被人们称为凰血石。后来，可能是因为不忍将凤凰分开，也可能是因为鸡血常见，人们把凰血石

俗称为鸡血石。代代相传的故事到了今天，不知变更了多少个版本，但人们对于鸡血石的喜爱却是有增无减。

当然，鸡血石中鲜艳的红色不是鸡血，更不是所谓的"凰血"，而主要是朱砂。

鸡血石的产地主要有浙江省临安市昌化与内蒙古赤峰市巴林，在陕西、甘肃、四川、湖南、云南等地也有发现。

鸡血石独特的血色是由它所处的独特地理环境、地质构造、地质变化和生成机理等原因造就的。在强烈的地壳演变过程中，高温的火山熔液会将熔点低的岩层熔化，使含朱砂的火山热液与之熔合在一起，这样生成的鸡血石里外都有血色，且地子温软。朱砂含量高的话，就形成了高品质的"大红袍"（图1）。如果岩层的熔点高，火山热液只能熔化表皮的岩层，这样形成的鸡血石就只有皮血、面血，且地子通常较硬；但因朱砂没有被稀释，一般血色浓厚、鲜红。有些则填充在细小的裂缝中，形成了各种图案的条状血。不同的演变过程，使得鸡血石千姿百态，品类丰富。按其质地分类，鸡血石可以被分为许多品种，其中冻地鸡血石为上品，软地鸡血石次之，硬钢板地最次。冻地鸡血石又有田黄冻、刘关张、牛角冻、羊脂冻、桃花冻等多种质地色别。

鸡血石的血色分布没有规律，有的块石表面上有一大块红色，里面却一点红都没有；有的则恰恰相反。通常鸡血石的升值潜力由其血色、血量、血形、血浓度而定。血色可分为鲜红、大红、暗红三级，以鲜红为贵。血量是指鸡血石中血色所占百分比。古人所谓"全红为上"，即指全血方章或六面有血的方章为上品，而四面红、三面红、单面红依序次之。血形就是血的形态，有"块血""条血""梅花血""浮云血"等诸多叫法，大致可分为团块状、条带状、云雾状、星点状四类，其中以团块状为贵。当各种血形自然组合时，就形成种种天然景象，如"云开日出""晚霞红云"等。血浓度则是指鸡血的浓凝程度，可分为浓、清、散三级，以血浓者为上乘。

鸡血石为中国所独有。它是大自然对于中华大地的特殊赏赐，中华儿女对于鸡血石的欣赏与运用则是对于上苍厚爱的独特回报。那一抹红云，随风而来，舒卷点染，造就许多遐想，引发许多联想，成就许多思想。

但愿清音通古今

遗憾的是鸡血石的资源日渐枯竭。不只昌化鸡血石已被基本采尽，巴林鸡血石也只剩一些尾矿产出，而且新坑开采出来的鸡血石在质量上远不如老坑。据有关人士说，鸡血石的分布几乎没有规律可言，故其蕴藏量无从谈起。

寿山田黄主产地被封后，田黄的产量稀微，其市场价值被人们一年一个台阶地往上推，天价成交常常出现在田黄石拍卖中，机构投资的进入，更使许多收藏家望洋兴叹，大家的注意力自然转移到了鸡血石等领域。

东西少了，喜好的人却越来越多；东西少了，喜好的胃口却越来越大；东西少了，人们投入的资金却越来越多……市场因此而澎湃。

翻滚的波涛下总有暗流汹涌，丰厚的利润促使一些人干起了见不得人的勾当。于是乎，传统的造假手段恢复了，新的技术装备启用了，有人提供充裕的资金，鸡血石市场如同其他宝玉石市场,也是水深似渊,水浊如泥,上当受骗者比比皆是。

他们以次充好。一方不太好的鸡血石,经过加工,地子上的杂质减少了,甚至没有了,现代工艺致使人造冻石上血色鲜亮。一块普通的石头,经过渍染,人为的鸡血红浸透进去了,短时间里,氧化的作用还达不到。但收藏者密藏的鸡血石在未来的某一天面世时,一定会还原成一块普通石头。

他们以虚充实。一方上等的鸡血石印材送到了篆刻家手上,一刀下去,不是石屑四溅,而是丝条卷起。原来,这鸡血石是石粉和胶模压成的。又一方鸡血石,篆刻家一刀下去,几块石片下,是另外一种石头。原来,这鸡血石是六块鸡血石片分贴在一方普通印石上。又一方鸡血石,篆刻家一刀下去,有石屑飞起,有丝条卷起。原来,这鸡血石是人工在石头上一边着色一边烘烤而成的。

他们以假乱真。对于那些尚未入行的收藏爱好者,不法之徒更是猖狂,他们以开高价的方式肆意提高鸡血

图2 牛克思制昌化鸡血石雕楼阁山子，北京翰海拍卖有限公司2007年秋拍中以1344万元成交

石的档次，他们以其他红色的玉石冒充鸡血石，他们甚至以树脂等化工材料制造鸡血石。假的价格、假的产地、假的材料在他们如簧之舌的鼓噪下转换成真金白银，流入他们的腰包。

  市场之繁杂，需要藏家擦亮眼睛，在鸡血石的材质、分量、纹路、雕刻工艺等诸多方面做功课，细细研究，认真鉴别，藏己所爱，学己所藏。

自面世起鸡血石便与文化有着深厚情缘,所以无论古今,鸡血石的第一用途是作印章,是置于书斋,印于书画,与笔墨纸砚为伍,与兰花清茶相伴,这傲然出尘的气度与绕梁不去的清音理应通达古今。但愿人们在投资收藏鸡血石之时,也能真正地欣赏它那血染江山的壮美与朱砂一点的灵动。

(《人民日报》2013年7月7日第12版,与李嗣茉合作)

书生气　书卷气

——古今文人画及其收藏形态

在中国文物与艺术品市场，因为资金来源的并不充足与节奏的并不协调，更因为学术底蕴的并不雄厚与学术讨论的并不充分，一些舆论话题、学术命题与市场热点有些来也匆匆去也匆匆，委实有些可惜。不过，有些话题说不说，有些命题做不做，有些热点议不议，常常并不以人们的意志为转移，比如说关于文人画的收藏价值问题，时不时地被人提到、被市场关注，最近又因为北京华辰拍卖公司的"新文人画"专场，再次为人热议。于是，我们不妨就此做一次梳理。

顶天立地书生气

所谓文人画，是指文人及文人出身的士大夫所做之画，以别于民间绘画和宫廷绘画。

唐代张彦远在《历代名画记》中曾说："自古善画者，莫匪衣冠贵胄，逸士高人，振妙一时，传芳千祀，非闾阎鄙浅之所能为也。"他的意思是，古代会画画的人，都出身高贵，无论在朝在野。

北宋苏轼在《跋宋汉杰画山》中，提出"士人画"曰："观士人画，如阅天下马，取其意气所到。乃若画工，往往只取鞭策皮毛槽枥刍秣，无一点俊发，看数尺许便倦。汉杰真士人画也。"士者，官也。在中国历史上，除了被招安的梁山108将中的一部分人，几乎所有士人都是读书之人，都是文人。故苏轼所谓士人画，也即不同于画工（专业画家）的文人业余画的画，且不求形似，但求意气。

明代董其昌直接称"文人之画"，并指出了文人画与画工画的区别："士人作画，当以草隶奇字之法为之。树如屈铁，山如画沙，绝去甜俗蹊径，乃为士气，不尔纵俨然及格，已落画师魔界，不复可救药矣。"他甚至从历代山水画家中进一步分析出"南北宗"，以禅宗南北两个宗派来比喻山水画的不同风格，以及绘画的价值取向，推崇水墨为上的文人画。他在《画禅室论画》中提出的这一观念差不多影响了从明末到清代的数百年。

近人陈师曾，撰写有《文人画之价值》，编译有《中国文人画之研究》。针对人们特别是"美术革命"论者对于文人画的批判，他坚持文人画的艺术主张，提出："夫文人画，又岂仅以丑怪荒率为事邪？旷观古今文人之画，其格局何等谨严，意匠何等精密，下笔何等矜慎，立论何等幽微，学养何等深醇，岂粗心浮气轻妄之辈所能望其肩背哉！但文人画首重精神，不贵形式，故形式有所欠缺而精神优美者，仍不失为文人画。文人画中固亦有丑怪荒率者，所谓宁朴毋华，宁拙毋巧；宁丑怪，毋妖好；宁荒率，毋工整。纯任天真，不假修饰，正足以发挥个性，振起独立之精神，力矫软美取姿、涂脂抹粉之态，以保其可远观、不可近玩之品格。"

由此看来，所谓文人画一定是真正的文人，也一定是业余的画家，至少不是就职于宫廷画苑，而是在家里画画的。这从历代推崇的文人画名单中，也可以得到印证。

文人画的由来可以追溯到汉代，张衡、蔡邕皆有画名，其作品虽不见传，但典籍皆有记载。魏晋南北朝时期，宗炳以山水明志"澄怀观道，卧以游之"，这充分体现了文人以画自娱的心态。姚最进一步总结的"学不为人，自娱而已"，成了文人画的基本主张。唐代大诗人王维以诗入画，后世奉他为文人画的鼻祖。明代董其昌在其《画禅室论画》中提出："文人之画自王右丞始，其后董源、巨然、李成、范宽为嫡子，李龙眠、王晋卿、米南宫及虎儿皆从董、巨得来，直至元四大家黄子久、王叔明、倪元镇、吴仲圭皆其正传。吾朝文、沈则又远接衣钵。"总的看来，文人画的作者基本上都是在野或不得志的文人，他们以画自娱，以画解嘲，以画忘忧，故任意而为，任性而为。王维为官至尚书右丞，却一心向佛。苏东坡所谓："味摩诘之诗，诗中有画；味摩诘之画，画中有诗。"王维的画中之诗当是其自己的诗，而王维的诗节奏舒缓，气态闲适，禅味内涵。显然，他是意欲远离尘嚣的。王维无真迹存世，传为其作品的有台北"故宫博物院"藏之《雪溪图》与日本藏之《江干雪霁图》《伏生授经图》（图1），宁静萧散之气可见一斑。宋代苏东坡，官至礼部尚书，一生屡受折磨，因才情盖世而免遭砍头。元代"画坛四大家"之首的黄公望，做过小吏，中年受累入狱，出狱后入全真教，潜心绘事，不理世事。以后的明、清至民国，都有终生不仕的纯粹的文人。他们不是从事文学创作，便是终日研墨挥毫，专事丹青，如明代的沈周，鬻字画以养家糊口。近世黄宾虹，一生主要从事编辑、研究工作，绘画创作亦是研究之组成。其后，画家们从政的从政，经商的经商，整个中国许多年摆不下一张宁静的书桌，也就没有谁能当得起文人画家，故人称黄宾虹为中国最后一位文人画家。到了改革开放之时，中国绘画界的一批人深感读书之不足，深感思想之不足，深感个性之不足，故想起了老祖宗，画起

图 1　唐代王维《伏生授经图》，现藏日本。1925年由日本商人、收藏家阿部房次郎带回日本，后由其子捐赠给大阪市立美术馆。此作"传"为王维作品，但一直被认为是文人画的最早遗迹

了文人画；故而有了想法乃至口号，有了展览和画册，有了人们称之为新文人画的人和事、画与论；进而成为了一种现象、思潮，成为了近30年来中国美术界的一翼。

20世纪80年代中期，中国美术界有所谓的"85新潮"，他们是大踏步走向西方、走向现代的，对于传统艺术的冲击十分激烈。南京青年评论家李小山更是提出"中国画已步入穷途末路"。而在此之前，以徐悲鸿为代表的学院派，无论彩墨水墨，都强调写生，强调刻画，这也使得强调笔墨情趣的文人画处于边缘。以中国美术家协会为中心的机构派，无论为官为民，都强调宣传，强调配合，且有身份待遇等号召，故使重视个人情趣与独立思考的文人画处于劣势。改革开放带来的宽松思想环境与多元选择，使得一部分中青年艺术家，特别是传统积淀丰厚的北京、南京两地的中青年艺术家自觉地选择了对于传统文人画的承续，选择了对于思想不一、价值不一、走向不一、个性不一的追求。

中国历史、中国文艺史上有一个特殊的现象，即"诗之余"。从前，文人们在谈论家国大事时，有情要抒，

图2 宋代苏东坡传世画作仅有《潇湘怪石图》与《枯木怪石图》，前者现藏中国美术馆，后者现藏日本。此作原被故宫博物院专家鉴定为赝品，邓拓认定为真迹，遂斥巨资收藏。1964年，邓拓将此作及其他珍贵文物捐赠给了中国美术家协会

有感要发，有气要出，多写诗为之；当不涉及家国大事时，他们会填词、弄曲、画画、吹箫，这些便是所谓的"诗之余"。宋代苏东坡与辛弃疾开创了豪放词，可在《文与可画墨竹屏风赞》中，苏东坡却说："与可之文，其德之糟粕；与可之诗，其文之毫末。诗不能尽，溢而为书，变而为画，皆诗之余。"实际来看，这"余"虽然有些小，

有些静，有些委婉，有些偏离，但是中国文人的独特品性在这"余"中得到了充分的保证，既不需要故作高深，也不需要委屈求全；更重要的是中国文人的独立思考得到了充分的保证，既不需要迎合上司，也不需要随波逐流。在一个历史悠久的大国，在许多年的极左思潮狂卷之后，中国当代艺术家特别需要传承历史中那股外柔内刚的书生气。

何谓书生气，前人之述最为常用的是修改过的孟子所言："达则兼济天下，穷则独善其身。"达时，神采飞扬，才华横溢，尽其才而得其所，所以文人们不必也无暇填词弄曲涂抹丹青了。而一旦仕途不顺，英雄无用武之地，甚至几受挫折，备遭打击；此时，便归隐山林田园，诗也罢、词也罢、书也罢、画也罢、不诗不词不书不画也罢，自然是书生意气，挥洒江天。所以我们在唐代王维的画里看到了他的归隐，在宋代苏东坡的画里看到了他的浩叹，在元代倪云林的画里看到了他的落寞，在明代董其昌的画里看到了他的疏旷，在清代郑板桥的画里看到了他的坚劲，在近人黄宾虹的画里看到了他的拙朴。这一切，虽不是立马昆仑，却也是书生意气，清逸丰神，挥斥八极，顶天立地。

通古变今书卷气

在相当长的一段历史时期内，文人、士大夫大多出身于殷实人家，因为衣食无虑，故可以饱读诗书，进而搏取功名。一旦有了功名，其薪水足以养家糊口，甚至可以光宗耀祖，用不着卖画。即便仕途不顺，也可以归隐从前置办的山林田园，吟诗作画，自得其乐。

在相当长的一段历史时期内，绘画是不怎么值钱的。"洛阳纸贵"是因为晋代左思的文学作品《三都赋》，而不是谁的绘画。宋徽宗的书画甚是珍贵，当时也没有进入市场。宋人孟元老《东京梦华录》中，记载了当时开封集市中有卖图画的，"殿后资圣门前，皆书籍玩好图画及诸路罢任官员土物香药之类"，但没有记载是何人所绘之"图画"。创作了《清明上河图》的张择端"因失位家居，卖画为生"，但他并非文人，而是供职于翰林图画院的专业画家。

到了元代，文人卖字卖画了。自请不仕，鬻书为生，鬻画为生，这是汉族文人或前朝的士大夫，为了保持民族气节，保持文人气节的做法。

到了明代，多数文人都卖字卖画了，因为明代是一个商业社会，什么都可以买卖。更何况，明代人口繁衍很快，有些大户人家老大做官了，下面的兄弟便不用出门了，在家侍弄花草，收点地租，读点杂书，于点画间体会闲情逸致。

到了清代及同元代，汉族文人们又有不少人不与清朝政府合作，不求功名，自在乡里，以卖字卖画为生了。

从这30年中国艺术品市场来看，历代留存至今且在市场流通的文人画，比宫廷画家的作品要少。之所以如此，大致有两个原因：一是文人画家在野，不受官方重视，故在宫廷应酬中没有地位；二是文人画作品往往逸笔草草，个中功夫非常人能理解，也难得为世人所传诵，故不受收藏界重视。所以郑板桥等"扬州八怪"的作品往往是皱巴巴的，不体面，不精神。而宫廷画家的作品材料一流、裱工一流，甚至有宫廷收藏大印佐证，同僚大臣亲王纷纷题跋捧场。正是如此，这些年宫廷艺术品，特别是皇帝与御用画师的书画往往被人一再地炒上天价。由此而显露的收藏界学养之不足，不仅体现出当代文化建设的不足，也蕴含着未来艺术品市场一些人为高地坍塌的危险。

当代文人画，也就是人们常说的新文人画，并非改天换地，可以说是振兴，也可以说是复兴。五四新文化运动、"文化大革命"，致使中国传统文脉几乎断了，故要续之。从美术方面来看，承续文脉的最直接、最可靠，或者说能够一举多得的手段，便是承续文人画的传统了。

黄宾虹结束了文人画的一段历史，但也开启了中国美术新的一段历史。他所追求的"浑厚华滋"的美学理想不仅与中华民族近百年求独立、求和平、求发展的伟大事业相击和鸣，也在结束清代以降中国画固守传统的大潮上树起了高大的桅杆与鼓涨的风帆，让人们看到了中国美术的新世纪曙光。这些年的新文人画，也就是在多年研究光大黄宾虹的山水艺术、齐白石的大写意艺术的基础上迸发的，所以为时不长，人数不多，却不乏成就。

遗憾的是，当代新文人画并非历史整理的结论，而是一种进行时，这么多年来，这批人如同一个江湖，时大时小、时高时低，甚至时有时无地存在着、出现着、热闹或沉寂着，有人坚持着，甚至一成不变；有人变化着，甚至翻天覆地；有人摇摆着，甚至左右逢源。

现在，新文人画可以说是无处不在，但大多不是，大家别忘了分辨。

对于中国艺术品市场，文人画无论新旧，最为重要的是其价值何在，或者说，我们怎样从林林总总的"文人画"中，选择自己的藏品，发现其价值。

文人画应当体现中国文化顽强生命力与广大包容性，文脉传承广大，故当清气十足，而不是浊气熏天、蝇营狗苟，甚至为虎作伥。

文人画应当体现中国文化自省独慎之传统，于万丈红尘中求闲适清雅，故当逸气十足，而不是俗气逼人，为五斗米折腰。

文人画应当体现中国文化的批判性与知识分子的书

生意气，故当不乏戾气，而不是唯唯诺诺，随波逐流。

文人画当体现中国文化的正大气象、阳刚之气，故当大气一些，而不是惰性十足，满足于一己和一时之得。

应当强调的是，文人画的核心是其中的文化内涵是否具有建设性，并不是你在画面上多盖了几方章，多写了几行毛笔字或题了一首自做的诗或词。这种建设性主要体现为对于传统文化的选择是大还是小，这关乎格局；对于当代社会的影响是正还是邪，这关乎道义；对于大众诉求的感应是强还是弱，这关乎你是一个艺术家，还是一个政客、一个商人、一个披着羊皮的狼。

当你面对着一位艺术家，你觉得在他的作品里有一份清高、一份超迈、一份逸气，似乎是凛凛然不可侵犯，他的作品就可能是文人画。其实文人画无论新旧，关键在于：作者有无书生气，作品有无书卷气。

（《品位·经典》2014年12月20日第6期）

后　记

余出生即动乱不已，家徒四壁。幼时无帖可临，由兄长胥文宗亲炙草书。1978年10月入读复旦大学中文系，"图书馆藏书220万册"，使我第一次结识"收藏"二字。随学长马根富学习篆刻，清代几大印谱是我拜读的第一批线装书。1982年大学毕业后，开始研究老艺术家王森然与张仃，并学习美术史与工艺美术史至今。

1988年年初，从新华社新闻研究所调入国内部，为文化记者；1997年又调入人民日报社文艺部，为《人民日报·美术版》编辑，继而任美术组组长。2009年，在时任文艺部主任郭运德兄督促下，主持创办了《人民日报·收藏版》。

新版面、新栏目、新课题，加之"组稿难"之新时态，故不揣简陋,完成了一批选题。难免疏浅,却是紧跟着中国文物与艺术品收藏大潮的起起伏伏,关心着数以亿计中国收藏大众的喜怒哀乐,讨论着古今中外收藏历史的承接展开,呵护着祖先的坟茔与遗存,尽可能地哭着、喊着,也骂着……更多的是提醒着。

中国,迎来了数千年历史上最伟大的收藏时代,我们理应珍惜!我想,这也是大象出版社和《副刊文丛》主编李辉、王刘纯允准出版拙作的原委。

乙酉初夏识于京郊问梅轩下晴窗

精品栏目荟萃

《副刊面面观》（李辉　编）

《心香一瓣》（虞金星　编）

《纽约客闲话精选集　一》（刘倩　编）

《多味斋》（周舒艺　编）

《文艺地图之一城风月向来人》（孙小宁　编）

《书评面面观》（李辉　编）

《上海的时光容器》（伍斌　编）

《谈艺录》（刘炜茗　编）

《问学录》（刘炜茗　编）

《名人之后》（沈秀红　编）

《纽约客闲话精选集　二》（刘倩　编）

《编辑丛谈》（董小酷　编）

《本命年笔谈》（严建平　编）

《国宝华光》（徐红梅　吴艳丽　编）

《半日闲谭》（董宏君　编）

《云泥鸿爪一枝痕》（王勉　编）

个人作品精选

《踏歌行》（陈娉舒）

《家园与乡愁》（李汉荣）

《我画文人肖像》（罗雪村）

《茶事一年间》（何频）

《好在共一城风雨》（胡洪侠）

《从第一槌开始》（剑武）

《碰上的缘分》（王渝）

《抓在手里的阳光》（刘荒田）

《阿Q正传》（鲁迅）

《风吹书香》（冻凤秋）

《书犹如此》（姚峥华）

《泥手赠来》（黄德海）

《住在凉山上》（何万敏）

《老解观象》（解玺璋）

《犄角旮旯天津卫》（林希）

《歌剧幕后的故事》（薛维）

《色香味居梦影录》（姜威）

《走读生》（李福莹）

《回家》（朱永新）

《武艺十八般》（萧乾）

《一味斋书话》（熊光楷）

《收藏是一种记忆》（剑武）